Paolo Flores d'Arcais
Die Demokratie beim Wort nehmen
Der Souverän und der Dissident

Paolo Flores d'Arcais

Die Demokratie beim Wort nehmen
Der Souverän und der Dissident

Politisch-philosophischer Essay
für anspruchsvolle Bürger

Aus dem Italienischen von Friederike Hausmann

Verlag Klaus Wagenbach   Berlin

Für Luciana Bon de Matte
für das zweite Leben

Wagenbachs Taschenbuch 496
Deutsche Erstausgabe
1. Auflage April 2004

Der Text wurde nach dem Manuskript übersetzt und erscheint gleichzeitig bei Garzanti in Mailand.

Umschlaggestaltung: Birgit Thiel, Photo: AKG Berlin. Reihenkonzept: Rainer Groothuis. Das Karnickel auf Seite 1 zeichnete Horst Rudolph. Gesetzt aus der Sabon von der Offizin Götz Gorissen.
Gedruckt auf chlor- und säurefreiem Papier und gebunden von Druckerei Pustet, Regensburg.

ISBN 3 8031 2496 4

Inhalt

Das Interesse an Politik ist zu einer Frage von Leben und Tod für die Philosophie selbst geworden. *Hannah Arendt*

Prolog

I

Wie der König im Märchen ist die Demokratie inzwischen nackt. Der Kommunismus war fünfzig Jahre lang ihr Alibi: Elend und Unterdrückung unter dem Kommunismus hatten all die Widersprüche, die Unvollständigkeit und die Lügen, die diesseits des Eisernen Vorhangs um sich griffen, mit dem üppigen Mantel der Freiheit umgeben. Stalin und Breschnew stellten die Perücken, mit denen man in unseren Demokratien jede *epidemia anoplurica* (vulgo Läuseplage) und alle unangenehmen Gerüche überdecken konnte. Die Schrecken des real existierenden Sozialismus erteilten den Fehlern der hinkenden Demokratie ihre Absolution, die Größe der Schrecken im Osten (Gulag und Schauprozesse) ließ den Schrecken im Westen (von Sacco und Vanzetti bis zur Lynchjustiz des Ku-Klux-Klan) als Kleinigkeiten erscheinen. Die Auslöschung jeglicher Freiheit in dem »zur Sonne zur Freiheit« strebenden Totalitarismus ging so weit, daß bei uns jede Einschränkung der Freiheit (bis zu ihrem Verlust: von den Toten in Reggio Emilia bis zu denen an der Pariser Metro-Station Charonne) unbeachtet blieb, ja per Definition außer Betracht bleiben mußte.

Dem Totalitarismus gelang die Zerstörung der Freiheit auch insofern, als er die Perspektive verfälschte und es unmöglich machte, sie nach ihren eigenen Kriterien zu beurteilen. Der Wert unserer Institutionen wurde nicht mehr daran gemessen, was die Demokratie selbst verlangte, sondern an ihrer Negation im Universum der vollständigen Versklavung rund um den Kreml. Unkritisch kamen dabei die westlichen Demokratien natürlich immer gut weg. Sie zu kritisieren bedeutete, auf der Seite des Gegners zu stehen, unsere westliche Heimat zu verraten. Der Horror jenseits der Mauer verdunkelte jede Unfreiheit *du cotèz chez nous,* und ließ die andere Seite wirklich als *freie Welt* erscheinen, so groß auch der Widerspruch zwischen den unumstößlichen, in den Verfassungen niedergelegten Prinzipien und ihrer keineswegs nur gelegentlichen Verletzung durch die Regierungen sein mochte. Man konnte jedenfalls reisen, man konnte wählen nicht nur zwischen *Prawda* und *Iswestija*, es fanden Wahlen statt. Mehr zu verlangen, war Utopie. Auch wenn das »Mehr« in den genannten Verfassungen feierlich garantiert war. Das »objektive« Kriterium zur Beurteilung der Demokratie war nicht ihr eigener Diskurs, sondern die Praxis des Gegners. Paradoxerweise, denn der Totalitarismus war ja charakterisiert durch die Negation jeder Freiheit: Wie konnte er zum Maßstab der Demokratie werden, nicht bloß zu ihrem Alibi?

Alle behaupten von sich, sie seien Demokraten: Viele sind es zur Hälfte, nicht wenige sind es gar nicht. Aber alle schwören Stein und Bein, Demokraten zu sein. Denn das Wort Demokratie selbst ist ein Wert, ein Talismanwort, ein Zauber- und Legitimationswort, ein Ja-Wort: Das einzige, das heute zählt. Es drängt denjenigen an die Wand, der es nicht zu benutzen weiß. Wer es besitzt, schwingt es wie eine Waffe. Wer sich seiner bemächtigen kann, hat schon die strategische Stellung erobert, von der aus im Kampf um die Legitimation das Territorium der Auseinandersetzung zu beherrschen ist.

Zumindest seit dem Zweiten Weltkrieg führen alle die Demokratie im Munde. Der sowjetische Totalitarismus beanspruchte sogar, die einzige wahre Demokratie zu sein: nicht nur formal, nicht begrenzt, miserabel und unvollständig wie die bürgerliche. Nach dem geschriebenen Buchstaben klang die Stalinsche Verfassung wie die demokratischste der Welt. Und die Staaten des Ostblocks waren doppelt demokratisch: Sie waren Volksdemokratien, die Verdoppelung von Volk und »Herrschaft des Volkes« (dêmos-kratía) war verbale Redundanz und inhaltliche Negation.

Es herrscht Redefreiheit, und deshalb leider die Freiheit, frei daherzureden, auch gegen die Freiheit. Alle haben das Recht, die Wörter zu benutzen, wo es keine Zensur gibt, aber die Aneignung eines Wortes, die seinen Sinn umkehrt, sollte automatisch einen Aufschrei der Kritik hervorrufen. Wenn es in der Alltagssprache geschieht, lassen wir es uns tatsächlich nicht gefallen. In der Politik dagegen sind wir vollkommen an die Umschreibungen der Propaganda, die Vorstufe der Lüge gewöhnt. Wir sind uns nicht klar darüber, welche Wunde wir uns selbst damit zufügen. Denn dadurch, daß wir den uneigentlichen Gebrauch des *Wortes* Demokratie zulassen, lassen wir zu, daß die *Sache selbst* verletzt, d. h. daß jedem einzelnen von uns Macht entzogen wird.

Wörter haben Grenzen der Bedeutung. Sie müssen sie besitzen, auch wenn subtile metaphysisch-philosophische Theorien das Gegenteil behaupten mögen. Aber die Beschreibung einer Institution ist per Definition die Beschreibung eines Sein-Sollens. Das per Definition willkürlich zu sein scheint. Mit dieser Aporie spielt (und gewinnt) derjenige, der eine *Sache* (eine *Herrschaft*), die die Bedeutung Demokratie, Freiheit umgeht, ausschließt oder unterdrückt, mit einem Heiligenschein umgeben will. Je absoluter die Macht, um so größer der Anspruch, nach eigenem Gutdünken die Begriffe zu definieren. Der Totalitarismus ist die Herrschaftsform, die diese Verkehrung ins Gegenteil perfektioniert: *res sunt consequentiae nominum*. Doch dieser Virus ist weit verbreitet und wird immer wieder aktiv. Humpty Dumpty wußte schon um die tödliche Wirkung dieser Logik, als er diesen »vergifteten Apfel« einer demokratisch streitbaren Alice anbot.

Die semantischen Grenzen müssen deshalb beim Wort genommen und gegen die Übergriffe, die hinter jeder Macht lauern, geschützt werden. Besonders für die Wörter des Sein-Sollens. Die Scheiterhaufen der Häretiker wurden »Akte des Glaubens« genannt.

Der Begriff der Freiheit hat im ›Laufe‹ der Geschichte im ›Spießrutenlauf‹ rohen Mißbrauch erlitten. Der Kampf um semantische Strenge ist mithin auch ein ethisch-politischer Kampf für die Sache selbst. Um der Arroganz der Macht Widerstand zu leisten und nicht zuzulassen, daß die Herrschaft sich ungestraft den kostbaren semantischen Gehalt einer Wertvorstellung aneignet, um ihn zu ersetzen und in der Praxis ins Gegenteil zu verkehren.

Hinter dem Augenschein einer unschuldigen und zu rechtfertigenden linguistischen Verschiebung (was die Dialektik mit den Begriffen angesichts der ihnen innewohnenden Mehrdeutigkeit und Ambiguität alles vermag!) werden allzu häufig die Fesseln der Untertänigkeit verstärkt: Orwells »1984« kannte bereits die Neusprache als *instrumentum regni,* und Josef Wissarionowitsch Dschugaschwili (genannt Stalin) wollte sich höchstpersönlich mit einer orthodoxen linguistischen Wissenschaft befassen und darüber ein Buch schreiben.

Die Begriffe beim Wort zu nehmen, ist demnach in der Politik, wie in der Ethik, das erste Sein-Sollen. Wenn der Begriff Demokratie straflos mißbraucht werden darf, heißt das, daß die *Sache* Demokratie sich bereits im Niedergang befin-

det, daß sich ihre Feinde durch die Zerstörung der Antikörper, die bei Mißbrauch Empörung hervorrufen müßten,
stillschweigend und höchst gefährlich breit gemacht haben.
Das ist jedoch nicht nur in den Totalitarismen der Fall. Ganz
im Gegenteil gilt, wie wir zu zeigen versuchen: *De te fabula
narratur.*

I Von der Entzauberung zur Demokratie

2

Gehen wir zu den Ursprüngen. Als der Affe zum Menschen wurde (vor etwa 150–200 000 Jahren) mußte er den natürlichen Zwang der Instinkte durch das künstliche »Sein-Sollen« sozialer Normen ersetzen. Der Trieb leitet nicht mehr mit unerbittlicher Präzision das Verhalten der nackten Affen, die wir alle sind. Ein oder zwei Prozent schlecht übertragener DNA haben ein Lebewesen geschaffen, bei dem sich der Horizont der möglichen Verhaltensweisen über jedes Maß öffnet. Diese Formbarkeit seiner »Natur« ist das Füllhorn, aus dem das Kleinhirn und die Kathedralen, der aufrechte Gang und die Sprache, die Wissenschaft und die Sinnsuche hervorgehen. Ohne die begrenzte, aber unerbittliche Wirkung der Instinkte droht jedoch unverzüglich das Aussterben. Mensch-Sein bedeutet von Anbeginn Gefährdet-Sein. Zum Überleben braucht der Mensch ein Wunderwerk, das die Instinkte ersetzt. Es wird *Norm* heißen und vom Himmel diktiert werden.

Es wäre dem »nackten Affen« nie gelungen, sich die Welt untertan zu machen ohne die Schaffung eines *nómos*, der die »erlaubten« von den »nicht erlaubten« Verhaltensweisen im Chaos der zahllosen Möglichkeiten unterscheidet. Damit nicht genug. Der homo sapiens sapiens hätte das Licht der Welt nie erblickt ohne ein »Sein-Sollen«, das sich ihm ebenso unerbittlich aufzwingt wie die Instinkte. Die Fülle seiner unbegrenzten Möglichkeiten ist nur zukunftsträchtig, wenn sie von dem »Sein-Sollen« in eine gesellschaftliche *Kohärenz* von Verhaltensweisen eingepaßt wird, die ihm zu handeln – und die rivalisierenden Jäger und Sammler zu übertreffen – erlaubt.

Der Mensch ist also ein notwendigerweise *normatives* Wesen, das durch seine eigenen Gesetze die verblaßten Instinkte ersetzt und seine schillernde »Natur« ständig neu erschafft. Wie der Katalog der Verbote und Pflichten aussieht, ist nicht von vorneherein festgelegt. Nicht in den Chromosomen, nicht von der Natur vorgegeben. Er kann grundverschieden sein, solange er das Überleben sichert. Die Geschichte wird das Archiv der Möglichkeiten bilden. Über diejenigen, die nicht funktioniert haben, werden wir nie etwas erfahren.

Die Norm ist also eine Schöpfung. Wer aber entscheidet über die Norm? Wer legt die Scheidelinie zwischen Ja und Nein fest? Wer schreibt die Gesetzestafeln? Entweder Gott oder die Menschen. Und die Menschen entscheiden über Jahrtausende, daß Gott sie geschrieben hat. Sie ziehen es vor, den *nómos* als ein unabweisbares Geschenk des Himmels von Generation zu Generation weiterzugeben. Als eine Ordnung, die von einem Anderen und von einem Höheren eingesetzt worden ist, als Heteronomie. Nur so, durch die Anbetung in allgemeinem Gehorsam können sich die Menschen zu Gemeinschaften zusammenschließen, die effizienter sind als die Horde.

Gehen wir weiter. Das unvorhersehbare Entstehen von Zeitaltern, das auch nicht hätte stattfinden können, eröffnet Möglichkeiten der Veränderung für die Herrschaft des Heiligen: Auf den gewundenen Pfaden der Geschichte mit ihren zufälligen Wendepunkten wird die Heteronomie zuerst von den Monotheismen geschwächt, dann von den absoluten Staaten mißhandelt, von der Häresie zermürbt und zersetzt bis hin zu ihrem völligen Zusammenbruch.* Mit dem Einbruch der Moderne wird Gott in den Himmel verbannt und das gelobte Land der menschlichen Emanzipation verkündet, das nahende Reich der Selbstbestimmung des Menschen auf Erden.

Es ist das unsere. Nehmen wir dies wenigstens zur Kenntnis: Der Zufall hat uns in den Westen der entzauberten Welt verschlagen, wir sind in eine privilegierte Welt hineingeboren worden: denn nur innerhalb der räumlich-zeitlichen Koordinaten, die wir Moderne getauft haben, war es bisher möglich, zwischen dem Risiko der Freiheit und freiwilliger Knechtschaft zu wählen.

Eine unschätzbare Chance, die die Wahrscheinlichkeit herausfordert. Seit undenklichen Zeiten nämlich schien das menschliche Zusammenleben bestimmt vom Gehorsam, dessen Kern die Unterwerfung unter das *Heilige* bildete. Für diese unzugängliche, überlieferte, unübertragbare Macht war jede irdische Herrschaft nur Stellvertretung innerhalb der Empirie der Endlichkeit. Religionen, Institutionen und Dynastien konnten wechseln, nicht aber die unendliche Transzendenz der Legitimität. Ein instabiler Ausnahmezustand, der sich auf wenigen Quadratkilometern um Piräus herum unter Themistokles und Perikles für einige Jahrzehnte hielt, schien nicht mehr als ein Versehen des Schicksals.

Die Moderne dagegen bedeutet eine Implosion der Herrschaft des Himmels und ihr endgültiges Zerbrechen auf Erden. Die Moderne *erschüttert* die Schöpfung, denn Gott tritt endgültig von seiner Verantwortung für die Welt zurück. Die

---

* Es handelt sich hier nicht um Paradoxa, sondern um eine Zusammenfassung des unersetzlichen Buches *Le désenchantement du monde* von Marcel Gauchet (Paris 1985).

Moderne kann deshalb mit Recht als Errichtung des Reichs der Freiheit *in progress* bezeichnet werden: *autòs nómos*, jeder ist sich selbst Gesetz. Das ist die gute Nachricht der Entzauberung. Der dafür zu zahlende Preis ist freilich hoch. Das Evangelium der Einsamkeit. Man wird Herr über das eigene Schicksal nur in einem Kosmos ohne Gehorsam, aber dadurch auch ohne Sinn. Im Universum herrscht nur noch der *nómos* der Menschen. Aber sie sind *allein*. Das ist die unheilbare Freiheit der Moderne.

3

Die Demokratie ist die logische – aber kontingente, mögliche, denkbare – Folge der Entzauberung. Wenn die Heteronomie und der Glaube das Zepter dem Projekt der individuellen und kollektiven Freiheit überlassen, wird der Mensch zum Herrn seines Gehorsams. Ein erhebendes Oxymoron, aber auch ein bedrohlicher Abgrund. Was ist die Demokratie eigentlich? Die erste Form der politischen Organisation *ohne Fundament*, das erste Experiment des Zusammenlebens der Menschen, das nur den Menschen selbst anvertraut ist. Ohne irgendeine Legitimation außer sich selbst. Wie Münchhausen muß sie sich am Zopf im leeren Raum halten. Im wahrsten Sinn des Wortes. Im Märchen ist es ein Wunder, in der Realität eine dauernde tödliche Gefahr.

Wir neigen dazu, sie zu vergessen. Wir achten nicht mehr darauf. Die Demokratie scheint fester Bestandteil unserer Umgebung zu sein. Daher rührt die Illusion, es gebe eine natürliche Neigung zur Demokratie, als besitze der Mensch einen ursprünglichen Freiheitsdrang. Eine tröstliche Illusion, die vieles verdrängt und außer acht läßt, und so zur Ursache großer Tragödien wurde. Frühere Formen des gesellschaftlichen Zusammenlebens konnten sich auf die viel sicherere Basis einer transzendenten und von allen akzeptierten *Wahrheit* stützen. Diese Wahrheit änderte sich immer wieder, wurde aber jedes Mal von allen angenommen, und war in der Lage, allen sozialen und psychologischen Anforderungen der Gemeinschaft und der Individuen gerecht zu werden. Die Demokratie dagegen schwankt in der selbstbezogenen Leere des Zweifels und der Häresie und turnt auf dem brüchigen Hochseil der Meinungen entlang.

Eine Ordnung ohne Fundament also, aber gerade deshalb absolute Macht ohne äußere Grenzen. Kein »Naturgesetz« begrenzt sie: Der *nómos* ist, wie wir gesehen haben, nicht in unseren Chromosomen angelegt (die Notwendigkeit *eines nómos*, der die Instinkte ersetzt, existiert, aber nicht eines bestimmten). Das Gegenteil zu behaupten, bringt nur die Angst der Demokratie vor sich selbst zum Ausdruck, das Erzittern der Menschen davor, Gottes Platz als Schöpfer der Norm, als Herren und Herrscher über Himmel und Erde einzunehmen. Es ist die Scheu vor dem Abgrund einer untragbaren, weil unabweisbaren Verantwortung: der der eigenen absoluten und unentschuldbaren Macht. Die Demokratie ist auch eine tragische Situation.

Wenn der Apfel der Entzauberung allerdings einmal angebissen ist, wird es schwierig, kollektiv wieder in den Zustand der »Unschuld« einer von Oben gegebenen Souveränität zu regredieren, zur Verzauberung einer Legitimität, die einem Anderen angehört, dem Reich des Heiligen. Solange es ein Abendland gibt, wird Gott nur noch in den Herzen und im Gewissen, »in interiore homine«, Platz finden. Als bloße *Privatsache* wird der Glaube nie Gehorsam sein, der das Zusammenleben strukturiert, nie mehr ein »Credo«, das

das öffentliche Leben organisiert und formt. Im Gegenteil: Da es unausweichlich eine Vielzahl von Glaubensrichtungen gibt, kann nur die Vertreibung Gottes aus dem Raum der politischen Entscheidungen verhindern, daß der Konflikt zwischen den konkurrierenden Wahrheiten verschiedener Religionen in Bürgerkriege ausartet.

Die absolute Freiheit des Menschen läutet auch für jeden einzelnen die Stunde der absoluten Bedrohung durch die absolute Freiheit der anderen ein. Ein Zusammenleben, das dem Ermessen der Menschen anheimgegeben ist, ohne »objektiven« *nómos*, der über ihnen steht und ihnen Grenzen setzt, bedeutet für jeden einzelnen das ständig drohende Inferno durch die Launen von »seinesgleichen«.

Um sich aus dieser Tragödie der absoluten Freiheit zu befreien, kann der Mensch lediglich weltliche Surrogate für Gott erfinden, um ihnen die Verantwortung für den *nómos* zu übertragen und für sich selbst nur noch das leichte Gewicht des Gehorsams zu behalten. Der schöne Fetisch des »Naturgesetzes« ist das erste dieser Surrogate und begleitet eine ganze Epoche lang das Voranschreiten der Entzauberung und die Geburt der Demokratie. Doch bald tauchen noch weitere verführerische, mystische und mystifizierende Fata Morganen am Horizont auf, die der Demokratie zum Schaden gereichen: Vaterland, Tradition, Rasse, Vorsehung. Schließlich die Auslöschung der Demokratie im Namen ihrer »Verwirklichung« in der organischen Totalität des Kommunismus.

Die Demokratie ist deshalb die Form des Zusammenlebens, die der absoluten Immanenz ihrer Legitimation auch durch die Flucht in immer neue weltliche Transzendenzen nie entkommt. Letzteres ist ein unerträgliches Oxymoron, das sich auf der Suche nach einem längst unauffindbaren

Höheren letztlich immer in menschlichen, allzu menschlichen, und am Ende absolut *unmenschlichen* repressiven Oligarchien niederschlägt. Wir haben also festgestellt, daß die Demokratie die Macht ist, die nicht von außen begrenzt werden kann, die keinen gestirnten Himmel über sich anerkennt. Vor ihrer Macht ist das Nichts (im Sinne der Herrschaftslegitimation).

Um ihr Wesen einer immanenten Macht zu bewahren, muß die Demokratie die Form des Zusammenlebens sein, in der die Macht wirklich allen gehört. Das ist der entscheidende, unverzichtbare Zielpunkt. Die Demokratie ist radikale Autonomie, *absolute* Macht des *dêmos*. Sie kann keinem vorher existierenden *nómos* unterworfen sein, weil sie selbst ihn erst erschafft. Nicht nur das: Sie hat die unwiderrufliche Macht der Rechtssetzung, ohne daß im voraus die Veränderungen und Wandlungen der Entwicklung festgeschrieben werden können. Demokratie beinhaltet somit auch die Ungewißheit einer möglichen permanenten Revolution.

Deshalb darf kein natürliches Recht den *dêmos* in einen vorbestimmten Rahmen zwängen und seine absolute Freiheit zu souveräner Entscheidung beschneiden. Und deshalb wäre es auch ein Widerspruch in sich und praktisch die Auflösung seiner Macht, den Recht setzenden Charakter des *dêmos* am Gängelband konstitutioneller Verbote oder im goldenen Käfig von »Menschenrechten« zu halten. Die Macht des *dêmos* wäre entfremdet und würde verschwinden, weil sie einem Anderen (wenigen *anderen*, also den *oligoi*), der Entscheidung eines unauffindbaren Gottes oder dem (vorgeblichen) Willen seines weltlichen Surrogats, der Mutter Natur, anvertraut wäre.

4

Der *dêmos* also und seine *uneingeschränkte* Macht. Jede Forderung, sie von vorneherein zu beschränken, ist Sehnsucht
nach Heteronomie. Aber was ist der *dêmos*? Alle *Menschen*, die
ihn *gemeinsam* bilden. Die Menge der Existenzen, die durch das
»mit« des gesellschaftlichen Zusammenhangs vereint sind. Der
dêmos, der die einzelnen, die ihn zusammen-setzen auslöscht,
wird zur Abstraktion, zum bloßen Namen, zum metaphysi-
schen Betrug, der reale Unterdrückung verdeckt.

Es wäre völlig fehl am Platz, über Individuen einer vor-ge-
sellschaftlichen Phase zu spekulieren, die ohne das sie aus-
zeichnende Merkmal des Sozialen, isoliert und unabhängig
voneinander leben, und über den Punkt, an dem sie sich dann
zu einer Gesellschaft zusammenschließen. Kein Gesellschafts-
vertrag ist vorauszusetzen, kein »Naturzustand«, über den
man seiner Phantasie freien Lauf lassen kann. Offensichtlich
wird jeder einzelne ganz unausweichlich von vorneherein in
eine »Kultur« hineingeboren und von ihr geprägt. Ohne jedes
dialektische Mitleid muß jedoch der immer wieder auftau-
chenden Versuchung widerstanden werden, die *Alle* des realen *dêmos* – durch eine Art von linguistischem Kartentrick
oder das Falschspiel der Ideologie – so verschwinden zu lassen, daß sie zu den *Wenigen* oder gar zum *Einen* neuer re-
pressiver Heteronomien werden.

Die Demokratie ist somit die Macht, die – außer durch
sich selbst – keine Begrenzung duldet. Doch sie *muß* sich be-
grenzen, aber nur soweit es notwendig ist, um die Möglichkeit ihrer Recht setzenden Natur zu erhalten, das heißt den
dêmos als ihr einziges wirkliches »Fundament«. Ohne diesen
verschwände die Sache selbst, von der die Rede ist. Wenn die

Realität des *dêmos* verschwindet, der reale *dêmos*, die *Alle*, aus denen er zusammen-gesetzt ist, stürzt die Demokratie in einen Abgrund, der jegliche Heteronomie zuläßt. Diese Selbstbeschränkung, und nur diese muß ihr innewohnen, ist konstitutiv und unverzichtbar, damit es *dêmos-kratía* gibt und weiter geben kann.

Welche Selbstbeschränkung entspricht dieser Bewahrung des *dêmos*? Fragen wir den *dêmos* selbst. Wie kann er entscheiden? Nach der Mehrheit. Jede andere Möglichkeit ist durch die Logik der Immanenz und der Selbstbestimmung ausgeschlossen (in der Logik der Transzendenz und der Heteronomie dagegen können auch Wahrsager und Sibyllen, Vogelflug und Tiereingeweide, Schicksal und Vorsehung oder die Hermeneutik eines höheren Willens entscheiden). Die einzige dem *dêmos* innewohnende Beschränkung ist also die, daß nie das Prinzip der Mehrheitsentscheidung als unersetzliches Werkzeug zu seiner Machtausübung außer Kraft gesetzt wird. Es ist zwecklos, sich etwas vorzumachen oder die Augen zu verschließen: Die Demokratie ist nicht das Paradies der Macht aller, sondern das Fegefeuer der Macht der Mehrheit.

Natürlich geht es nicht um diese oder jene Mehrheit, sondern, wie gesagt, um das *Mehrheitsprinzip*: Es muß *immer* und nicht nur jetzt die Mehrheit des *dêmos* sein, die über die Norm entscheidet. Eine Recht setzende Macht, deren Souveränität nicht auch in Zukunft gilt, ist keine Macht. Souveränität der Mehrheit bedeutet daher, daß dieselbe Mehrheit morgen anders als heute entscheiden kann, aber vor allem, daß es eine andere Mehrheit als die heutige tun kann. Die Souveränität des *dêmos* besteht nur, solange jede Mehrheit gestürzt werden kann. Die Mehrheit, die der Minderheit dieses Recht für die Zukunft negiert oder beschränkt, hat das

Mehrheitsprinzip und damit die eigene Legitimation bereits zerstört.

Wenn aber eine Mehrheit die Freiheiten der Minderheit von heute, morgen zur Mehrheit zu werden und Entscheidungen umzustürzen, nicht beschneiden kann, kann sie dieses Recht auch der Minderheit der Minderheit nicht nehmen (beschneiden oder beschränken), auch nicht der Minderheit der Minderheit der Minderheit bis hin zur kleinsten, nicht mehr teilbaren Minderheit, der einzelnen Komponente des *dêmos*. Wenn genügend oft auch nur einem einzigen Individuum seine Freiheitsrechte beschnitten würden, träfe bald eine Minderheit die Entscheidungen, dann eine Minderheit der Minderheit und schließlich… Die Mehrheitsentscheidung darf demnach das *Alle* der Souveränität auch nicht bei einem einzigen Individuum beschneiden, niemals, denn das würde *in nuce* die Unterdrückung des *dêmos* bedeuten.

Das ist der entscheidende Punkt: Die Macht allein in den Händen der Mehrheit ist die unausweichliche Wahrheit der Souveränität aller, aber diese schmerzhafte Metamorphose verlangt, zu Ende gedacht, wenn sie nicht aus dem Ruder laufen will, daß die Mehrheit niemals auch nur einen einzigen von der Macht über künftige Entscheidungen ausschließen darf.

5

Die geheime und unwiderlegliche Wahrheit des Mehrheitsprinzips ist deshalb der *Dissident*. Die Freiheit des Dissidenten, seine Verfügungsgewalt über die Zukunft, kommt *vor* der Mehrheitsmacht und dem Mehrheitsprinzip, denn sie konstituiert die Bedingung der Möglichkeit beider. Und man beachte den entscheidenden Umstand: Zu dieser Schlußfolgerung gelangt man ausgehend von der Mehrheit selbst, *iuxta propria principia,* ohne auf das schöne Märchen unveräußerlicher »natürlicher« Rechte zurückgreifen zu müssen.

Das ist für das Mehrheitsprinzip kein Zurückweichen, kein unliebsames Zugeständnis, sondern die *eigene* innere und zwingende Notwendigkeit. Eine Mehrheitsentscheidung, die den Dissidenten nicht schützt, hat bereits aufgehört, über die *Macht* der Mehrheit zu wachen und leistet der *Übermacht* einer Minderheit Vorschub, die sie in Zukunft zerstören kann. Wenn man dem Ariadnefaden des Mehrheitsprinzips bis ans Ende folgt, erkennt man, daß die Demokratie keineswegs die Herrschaft des Mehrheitswillens ist, sondern die Anerkennung der Macht und der Freiheit aller, d.h. jedes einzelnen für sich genommen. Die Demokratie, die den Primat des Dissidenten außer acht läßt, ist eine Demokratie, die sich selbst verleugnet. Eine trügerische Demokratie. Die beim Wort genommene Demokratie dagegen ist die Form des Zusammenlebens, in der die Macht jedem *einzelnen* gehört.

Diese Souveränität des einzelnen, die Gleichung Mensch-Sein ist An-der-Macht-Sein, kann sich nur unter dem doppelten Anspruch verwirklichen: Einen wirksamen Teil der öffentlichen, gerecht verteilten Macht auszuüben, aber auch exklusiv über den Machtbereich zu verfügen, der *ausschließlich* dem einzelnen zusteht. Doch auch die Scheidelinie zwischen öffentlichem und privatem Raum, die Festlegung des unanfechtbar der öffentlichen Gewalt entzogenen Bereiches kann selbst wiederum nur eine öffentliche Entscheidung sein. Durch die Mehrheit. Sofern man nicht wieder auf den imaginären Fetisch eines vorher bestehenden *nómos* zurückgreifen will, auf einen Gott, der diesen Raum als *heilig* für unverletzlich erklärt hat; oder auf ein »natürliches« Recht (auf die

Freiheit) an Eigentum – als konstituierendes Wesensmerkmal des homo sapiens –, von dem allerdings Naturwissenschaftlicher, Biologen und Anthropologen nichts wissen.

Der Vorrang des Kollektivs ist also ein rein chronologischer: Man wird in eine Gesellschaft hineingeboren. Doch es handelt sich auch um einen logischen und ontologischen Vorrang: Man wird von dieser Gesellschaft *hervorgebracht.* Es gibt kein Mensch-Sein, das nicht zugleich Hier-und-jetzt-Sein (geschichtliches Sein) einer bestimmten Kultur ist. Der Mensch an sich als vor-gesellschaftliches und a-historisches Wesen ist unauffindbar, und diese Nichtexistenz ist streng wörtlich zu verstehen. Deshalb bleibt auch in der Logik der entzauberten Welt der Primat des Mensch-Seins als Zusammen-Sein, in dem mehrheitlich entschieden wird, was *privat* sein soll.

Dieses Zusammen-Sein ist – wie wir bereits festgestellt haben – ununterscheidbar vom *Alle*-Sein, das für die Mehrheitsentscheidung nicht davon absehen kann, das Du und Du und Du aller einzelnen konkreten Existenzen in Betracht zu ziehen. Auch in diesem Fall finden wir als einzigen Weg aus dem Labyrinth nur die unwiderlegliche Wahrheit: Der Primat des Kollektivs bedeutet den unverzichtbaren Primat des Dissidenten.

Was aber ist jeder einzelne? Die *Singularität* innerhalb eines Zusammenlebens. Die *unverwechselbare* Existenz, die wir alle sein können. Ohne diese kann es keinen selbstbestimmten Willen und keine souveräne Entscheidung geben, da in diesem Fall der gemeinsame Lebenshorizont nur von *Replikanten* bevölkert wäre, von massenhaften Hülsen eines untertänigen *Nichtwillens.* Deshalb: Wenn jeder einzelne vor allem und chronologisch nur im Zusammensein existiert, ist er zugleich und wesentlich *Unverwechselbares-Sein.*

Wir haben festgestellt: Die Demokratie ist die Form des Zusammenlebens, in der die Macht jedem einzelnen gehört. Jetzt können wir vervollständigen: Wo die Macht jedem einzelnen gehört, gehört der einzelne nicht der Macht. Das Individuum *gehört* nicht zu der Gemeinschaft, in der es auf die Welt kommt, sondern konstituiert sie (nimmt an ihrer Konstitution teil) kraft seiner eigenen Freiheit. Es bringt sie hervor, ist ihr Schöpfer. Die Freiheit des Individuums existiert *zuerst*. Und im Sinne der Demokratie existiert das Volk juristisch und faktisch nicht mehr, wenn die Pluralität der unverwechselbaren Existenzen, die sie konstituieren, gefährdet ist. Sobald der mystische Schleier weggezogen wird, ist das souveräne Volk nichts anderes als die Freiheit/Macht dieser Pluralität unverwechselbarer Existenzen. Jede politische Ordnung, die diese Existenzen vereinheitlicht und unterwirft, öffnet sich bereits der Heteronomie des Totalitarismus und verfällt ihm.

Um kein Mißverständnis aufkommen zu lassen: Die konkrete menschliche Existenz, die wir *Individuum* nennen, stellt ohne Zweifel eine gesellschaftliche Erfindung dar und ist sogar neuesten Datums. Sie ist deshalb aber für die Demokratie nicht weniger unverzichtbar und gehört im Gegenteil zu ihrem Wesen. Die Entscheidungsgewalt, durch die die kollektive Macht ausgeübt wird, ist deshalb sowohl zusammengesetzt als auch geteilt: Zusammengesetzt als Teilhabe am gemeinsamen Raum, aber geteilt als unaufhebbare Unterscheidung der Individuen mit ihrer je eigenen Identität, auf die der *dêmos* nicht verzichten kann, ohne seine *kratía* zu verlieren. Das souveräne Volk verwandelt sich ohne diese Pluralität von unverwechselbaren Einzelnen in die klapprige Metaphysik eines mystischen Körpers, der die unmenschliche Wirklichkeit eines Abgleitens (oder zumindest die Versuchung dazu) in den Totalitarismus verbirgt.

Auf den Punkt gebracht: Am Ende seines (logischen und historischen) Herumirrens findet das kollektive Projekt der Selbstbestimmung, der voraussetzungslosen Macht, seinen Angelpunkt in der unverwechselbaren Existenz des Dissidenten. Er ist seine einzige *Gewißheit* und er ist jeder einzelne, der wir alle sein können, der nur einmal auf die Welt kommt, nur einmal und für immer stirbt und von dem keine Replik mehr angefertigt werden kann. Die Demokratie muß also, wenn sie Bestand haben will, durch die Mehrheitspolitik unaufhörlich den Primat des unverwechselbaren Individuums als ihre Basis, ihren Mittelpunkt und die Bedingung ihrer Möglichkeit hervorbringen und schützen. Andernfalls bringt sie ihre eigene Existenz in Gefahr.

Die Demokratie beim Wort zu nehmen, heißt das Individuum ernst nehmen. Seine Macht, immer abweichend denken zu können und immer *anderes* zu wollen: Der Dissident. Zu diesem Ergebnis sind wir gekommen ohne die Traumbilder aus der Schublade einer idealen Demokratie, sondern ausgehend vom strengen Realismus des Mehrheitsprinzips, seiner unangenehmen, aber unausweichlichen *téchne*.

6

Dem Realismus wollen wir treu bleiben. Damit sich der homo democraticus nicht in den Rauch der Ideologie verflüchtigt, sondern empirisches Individuum bleibt, gibt es einige unverzichtbare Bedingungen, die wir Minimalvoraussetzungen für die Gleichheit-für-die-Unverwechselbarkeit nennen wollen. Deren Liste ist viel länger als man gemeinhin annimmt.

Ein Bürger ist vor allem ein Körper, ein *bíos*. Um Macht

auszuüben, muß er leben können. Soviel »Materialismus« wird einem auch der abgehobenste Metaphysiker zugestehen. Ohne Garantie für den *bíos* gibt es keine Möglichkeit des Willens und der Entscheidung. Der *bíos* ist das erste ursprüngliche und unverzichtbare »Bei-sich-Sein« des Individuums in Hinsicht auf seine politische Existenz. Der politischen Gleichheit, ja selbst der Diskussion darüber vorgeordnet ist die physiologische Gleichheit des Existenzminimums.

Nahrung also. Brot und etwas darauf. Quantität und Qualität sind jedoch nicht physiologisch vorgegeben. Das Existenzminimum ist eine gesellschaftliche Entscheidung, bei der die Berechnung der zum Überleben notwendigen Kalorien nur die von der Natur gesetzte, kreatürliche Grenze bildet, unterhalb derer Agonie durch Auszehrung beginnt. Der *bíos,* von dem hier die Rede ist, muß demgegenüber die materielle, chemisch-energetische Voraussetzung zur Teilnahme an der Macht der Bürger bilden. Dieses Existenzminimum entspricht demnach der Qualität und Quantität an Nahrung, die die Mehrheit einer bestimmten Gesellschaft unter »einer menschenwürdigen Existenz« versteht.

Ein Dach über dem Kopf kommt unmittelbar danach. Eigentlich ganz einfach unmittelbar in einem und gleichzeitig mit der Nahrung. Mehr als alle anderen Lebewesen sind wir Höhlenbewohner. Die Behausung ist unverzichtbare Bedingung menschlichen Lebens, Grundlage für eine eigenständige Existenz: ein geschützter Raum als Verlängerung des Leibes. Ohne Behausung gibt es keinen Körper, sondern nur Ausgestoßensein: vertriebener *bíos*. Ohne Dach über dem Kopf verkehrt sich Bürgerrecht in Obdachlosigkeit, ein Zustand, der nicht einfach als zwar bedauernswerter Mangel an Wohlfahrt ausgegeben werden kann. Er stellt an und für sich eine Annullierung grundlegender politischer Rechte dar, eine regelrechte politische Ächtung durch die urbanistische Ausgrenzung des Leibes.

Bíos heißt – offensichtlich und leider – auch absehbare Endlichkeit. Gerade aus diesem Grund muß ein – nicht zur Disposition stehendes – Mindestmaß an Gleichheit jede soziale Diskriminierung hinsichtlich dessen, was den *bíos* bedroht und gefährdet, ausschließen: Krankheit (und was ihn schließlich vernichtet: Tod). Jede Ungleichheit auf diesem Gebiet würde die Gleichheit der Bürger an der Wurzel untergraben, da der Bürger ein *Abstraktum* ist (also ohne Rücksicht auf soziale Unterschiede). Außer man würde leugnen, daß die physische Existenz unumgängliche Voraussetzung der politischen ist. Derartiger metaphysischer Schwachsinn würde sich in dem Augenblick ad absurdum führen, in dem man ihn verkünden wollte: Um zu sprechen muß man nämlich zuerst leben, auch wenn man noch so sehr theologisiert. Die *absolut gleiche* Ungewißheit aller einzelnen angesichts von Krankheit und Tod ist somit das unverzichtbare materielle Fundament der abstrakten, d.h. politischen Gleichheit der Bürger.

Gleiche öffentliche Fürsorge für die Gesundheit jedes einzelnen ist also die – im wahrsten Sinne des Wortes – *physiologische* Minimalvoraussetzung der Möglichkeit der Teilhabe an der Macht. Um die Chance der Demokratie durch den ideologischen Trugschluß sozialer Privilegien nicht schon im Keim zu ersticken. Unterhalb der Schwelle eines Mindestmaßes an Wohlstand für ein menschenwürdiges Dasein kann es nämlich keine politische Existenz geben, sondern nur eine prekäre physische Reproduktion, einen animalischen Überlebenskampf, der alle vitalen Energien absorbiert und durch seinen unaufhörlichen Zwang den freien Willen unmöglich macht. Alles Reden über unverwechselbare Existenz wird in diesem Zusammenhang zum finsteren Spott.

28

Das trügerische Sprichwort »Gesundheit gut, alles gut« enthält ein Gran politischer Wahrheit: Wenn es gleiche öffentliche Fürsorge für alle gibt, ist ein Mindeststandard für das Überleben der Demokratie gesichert. Wenn dagegen der Mehrheitswille der Ungleichheit bei der Zuteilung medizinischer Leistungen Raum gewährt, verschwindet der Bürger als Teil-Haber der Macht in dem Abgrund zwischen dem Privileg und dem Fehlen lebensrettender Hilfe. Damit wird der Demokratie schwerer Schaden zugefügt, denn der Kranke wird ebenso und vielleicht noch mehr als der Hungernde allseitig abhängig und kann deshalb keine abweichende Meinung äußern. Deshalb kann er auch nicht entscheiden.

Man beachte: Wir führen hier nicht »subjektive«, »einseitige« Ansprüche auf, um heimlich soziale (oder »sozialistische«) Ziele in den formalen und prozeduralen Entscheidungsprozeß, in das Gewebe der selbstbestimmten Macht des *dêmos* einzubringen. Wir tun nichts anderes, als dem Faden kohärenter logischer Analyse zu folgen, ohne uns den Konsequenzen zu entziehen. Wenn man den politischen Körper ernst nimmt, muß dieser sich zuvor um den Körper als solchen und dessen Wohl kümmern, das es dem Individuum in Fleisch und Blut überhaupt erst erlaubt, am Entscheidungsprozeß teilzunehmen. Ein individuelles Mindesteinkommen als Bürgerrecht: Das klingt wie das abwegige Konzept eines utopischen Revolutionärs, aber es ist lediglich die notwendige Voraussetzung der politischen Existenz, da sie an die physische Existenz als solche gebunden ist.

7

Damit aber nicht genug: Um entscheiden zu können, muß man Bescheid wissen. Entscheidungsfreiheit verlangt Entscheidungsfähigkeit. Gleiche Macht beinhaltet offensichtlich nicht gleiches Wissen (ein Volk von Leonardos ist undenkbar und würde auch unseren Annahmen nicht genügen), sondern erfordert die allen gemeinsame Kenntnis dessen, was für die Entscheidungen im Gemeinwesen *unentbehrlich* ist. Das geht weit hinaus über das bloße Lesen, Schreiben, Rechnen und alles, was die heutige Pflichtschule vermittelt. Die Lernziele dürfen deshalb nicht auf den Beruf oder das Einschlagen einer Laufbahn ausgerichtet sein, solange nicht allen eine »staatsbürgerliche« Grundausbildung garantiert ist, d.h. die umfangreiche und differenzierte Materie kritischer Kenntnisse, um bewußt die eigene Macht in der Gemeinschaft und als Individuum wahrzunehmen.

Auch in diesem Fall handelt es sich nicht nur um eine fakultative schulpolitische Entscheidung, sondern um einen Imperativ für die ganze Gesellschaft, der sich aus einem realistischen Minimalverständnis von Demokratie ableitet, die andernfalls zu verschwinden droht.

Schließlich: Wenn eine höhere und dauernde Durchschnittsbildung unverzichtbar ist, um Informationen so nutzen zu können, daß man selbstbestimmt (d.h. souverän) an kollektiven Entscheidungen teilzunehmen in der Lage ist, dann ist die Verfügbarkeit von erschöpfenden und wahrheitsgemäßen Informationen ein unentbehrliches Werkzeug. Deshalb stoßen wir bereits in dieser ersten, noch summarischen Erkundung der Bedingungen für die Existenz des selbstbestimmten Individuums auf die Frage des Fernsehens: unausweichlich. In den parlamentarischen Demokratien informieren sich neun von zehn Bürgern ausschließlich über das Fernsehen. Es stellt demnach *das* Problem dar. Oder genauer, den Resonanzboden eines allgemeineren Problems, nämlich der Beziehung zwischen Demokratie und Lüge. Scheinbar handelt es sich um eine moralische Frage, aber in Wirklichkeit geht es einzig und allein um politischen Realismus. Schauen wir uns die Sache an.

II Souveränität und Wahrheit

8

Das *Individuum* wählt. Nur wer über die wesentlichen Informationen verfügt, kann vernünftig entscheiden. Wem diese Informationen entzogen sind, der kann keine Wahl treffen. Schlimmer noch, er wird über etwas entscheiden, das in Wirklichkeit anders ist, als er es sich vorstellt. Er wird sich in der Illusion wiegen, frei zu entscheiden, während *andere* – in seinem Namen – anders entscheiden. Doch Demokratie ist gleichbedeutend mit freier Teilhabe an den Entscheidungen über den Mechanismus der Mehrheit. Deshalb darf niemand von den *Allen*, die den *dêmos* konstituieren, in Unkenntnis gelassen werden. Die Demokratie ist unvereinbar mit den *arcana imperii*. Sie duldet keine Lügen der Macht.

Es mag in den Ohren der abgebrühten Verfechter der Realpolitik extravagant klingen, bleibt aber unwiderlegbar: Das absolut Neue an der Demokratie als Organisation des Zusammenlebens besteht darin, daß die Macht den Bürger nicht belügen darf, denn ansonsten würde sie ihr Wesen verleugnen, das in der selbstbestimmten Entscheidung des *dêmos*, d.h. aller Individuen, besteht. *Informiert* und daher frei.

Die souveräne Lüge schließt die Souveränität des Bürgers aus und umgekehrt. Zensur oder Manipulation machen schon entscheidende Teile zunichte, fortschreitend und unwiderruflich. Nicht zufällig praktizieren die Totalitarismen die systematische Lüge, um nicht nur die Meinungen, sondern auch die Tatsachen selbst zu kontrollieren: Ununterbrochen schreiben sie die Geschichte neu. Um sich die Macht über die Zukunft zu sichern, müssen sie eine totale Herrschaft über die Vergangenheit ausüben. Sie müssen die Ereignisse nach ihrem Ebenbild herstellen, auch wenn es diese gar nicht oder vollkommen anders gegeben hat. Die Rechnung geht natürlich auf: Der Totalitarismus betrachtet das selbstbestimmte Individuum als Bedrohung, den freien Bürger als Feind, den Dissidenten als Verräter. Für die Demokratie dagegen sind sie tragende Fundamente.

Annullierung der faktischen Wahrheit und Annullierung der Demokratie gehen deshalb Hand in Hand. Sie bilden zwei wechselseitige und konvergierende Indikatoren. Öffentliche Freiheit und politische Lüge zirkulieren in umgekehrter Proportion. Damit nicht genug. Der Grad der Toleranz gegenüber den Lügen der Macht und die Gewöhnung an die Macht der Lüge sind ein untrüglicher Gradmesser für das Verschwinden der Demokratie. Daran läßt sich wie mit einer Apothekerwaage genauestens ablesen, wie weit sie schon in Gefahr ist: Wie weit sie die Selbstsorge aufgegeben hat.

Es ist nicht leicht, die Evidenz dieses logischen Vorgehens zu akzeptieren. Im politischen Denken hat man tatsächlich immer als selbstverständlich angenommen, daß die Lüge der Macht (aber auch die der Revolte) eine *Tugend* darstellen kann. Dies gilt jedoch nur *vor* der Demokratie.

Die Lüge war gerechtfertigt als Kriegswerkzeug: Dem Feind schuldet man nicht die Wahrheit, weil und nur weil er der Feind ist. Dem Bürger dagegen schon, außer man betrachtet ihn als Feind: In diesem Fall würde die Demokratie nicht nur in Widerspruch mit sich selbst geraten, sondern sich bereits selbst auflösen. Die Macht, die lügt, ist also die Macht, die sich im Wortsinn des lateinischen *hostis*, zum

Kriegsgegner des Bürgers macht: Sie betrachtet ihn als Feind, weil sie ihn zum Untertanen machen will. Die Regierung, die lügt, ist der *Feind* der Demokratie, auch wenn sie demokratisch gewählt ist.

Wir müssen den Mut zur Logik haben: Wenn die Demokratie Teilhabe aller Individuen an der Macht ist und auf deren bewußter Entscheidung beruht, ist jede Manipulation der Wahrheit eine Erpressung der Souveränität, ein Ausschluß aus dem Entscheidungsprozeß. Amputation des *dêmos* und Zerstörung seiner *kratía*. Man kommt nicht darum herum. Um der syllogistisch unausweichlichen Moral dieses politischen Realismus zu entgehen, bleibt dem Philister nichts anderes, als wie Pilatus zu fragen: Was heißt eigentlich Lüge?

Wir sehen von jeder Metaphysik der Wahrheit ab, andernfalls müßten wir die ganze Geschichte des Denkens (nicht nur des abendländischen) nachzeichnen. Außerdem betrachten wir den Abschied von der Vorstellung irgendeiner absoluten Wahrheit als endgültig. Wir befassen uns auch nicht mit Wahrheit im Sinne der Naturwissenschaften, der Mathematik oder der Empirie. Wir wollen uns ganz bescheiden nur mit der faktischen Wahrheit befassen, die wir *nolens volens* als objektive Grundlage unserer alltäglichen Existenz voraussetzen müssen. Wenn wir sagen, es stürmt oder es scheint die Sonne, versteht jedermann die (alternativen) Tatsachen, die wir mitteilen wollen. Wenn auch dieses Minimum an Realität nur Deutung, Willkür oder Behauptung wäre, könnten wir nichts mitteilen, keine Orientierung unter den Dingen finden: Wir könnten nicht »in der Welt« sein. Der homo sapiens sapiens wäre bei seiner Geburt ausgestorben.

9

Da es um die Lüge in der politischen Information und der historischen Rekonstruktion geht, wählen wir ein Beispiel aus dem Fundus der kollektiven Tragödien, das seinerzeit heftige Auseinandersetzungen heraufbeschworen hat.

Am Morgen des 4. November 1956 werden *zwei* Nachrichten verbreitet. Im »freien Sender Kossuth« wendet sich Imre Nagy, der ungarische Ministerpräsident, um 4.20 Uhr mit folgenden Worten an seine Mitbürger: »Heute haben sowjetische Truppen im Morgengrauen unsere Hauptstadt angegriffen mit dem offensichtlichen Ziel, die legale und demokratisch gewählte Regierung Ungarns zu stürzen. Unsere Truppen befinden sich im Kampfzustand. Die Regierung steht auf ihrem Posten. Ich teile diese Tatsache unserem Volk und der ganzen Welt mit.« Die sowjetische Nachrichtenagentur »Tass« und später auch die Tageszeitung der KPdSU »Prawda« (die »Wahrheit«) sprechen dagegen von »Terroristen und konterrevolutionären Banditen«, die in Ungarn an der Macht seien, von der »drohenden Gefahr des Faschismus und der Reaktion« und von der Unterstützung des sowjetischen Heeres für die von Janos Kadar gebildete, einzig als legitim betrachtete Regierung.

Ist es möglich, hinter diesen beiden »Nachrichten«, die sich auf ein und dasselbe Ereignis beziehen, einen unbezweifelbaren Kern von *Fakten* auszumachen, das heißt eine verbindliche gemeinsame »Welt«, unabhängig von den unterschiedlichen ideologischen Sichtweisen und politischen Standpunkten?

Zum Beispiel diese: *Im Morgengrauen des 4. November 1956 drangen zahlreiche gepanzerte Kettenfahrzeuge, die mit*

einem roten Stern versehen und mit Waffen verschiedenen
Kalibers ausgerüstet waren, über die ungarische Grenze bis
nach Budapest vor, wo sie an verschiedenen Stellen ihre Waffen
einsetzten und von in Brand gesetzten Flaschen mit Benzin,
bekannt als »Molotowcocktails«, von Schüssen aus Pistolen,
Gewehren und Maschinengewehren aus den Beständen des un-
garischen Heeres (und aus einigen Jagdflinten) empfangen
wurden. Diejenigen, die mit »Molotowcocktails« und Waffen
gegen die Panzerfahrzeuge mit dem roten Stern vorgingen, hat-
ten einen ungarischen Paß und waren zu überwiegender Mehr-
heit Arbeiter, Studenten, Intellektuelle und Soldaten.

Tatsächlich hat niemand darüber gestritten, was ein Panzer ist, es bestehen keinerlei Zweifel über den roten Stern als
Zeichen der Zugehörigkeit zum Heer der von der KPdSU re-
gierten Sowjetunion, über die selbstgebastelten, als Molo-
towcocktail bezeichneten Waffen, über die Existenz der
Grenze und die Tatsache, daß die Panzer auf ungarisches
Gebiet eingedrungen waren. Nicht einmal über die soziale
Zugehörigkeit der Protagonisten: Wer an der Universität ein-
geschrieben ist, kann – nach allgemeinem Konsens – als Stu-
dent bezeichnet werden, wer an den Hochöfen von Csepel
arbeitet oder in der Fabrik von Györ Waggons zusammen-
baut, als Arbeiter und ein Professor am Polytechnikum oder
an der philosophischen Akademie als Intellektueller. Ebenso
wenig läßt sich die (offizielle oder nicht offizielle) Festlegung
dessen, was ein Soldat ist, bestreiten.

Die Hermeneutik des Kommunismus der Apparatschiks
wendet jedoch dagegen ein, daß es sich um desertierte Soldaten handelte, daß die Studenten und Intellektuellen Faschisten waren, die Arbeiter irregeleitet und Verräter ihres
Klasseninteresses. Aber auch diese Interpretationen können
sich dem Nachweis durch Fakten nicht entziehen. Nur mit

blühender Phantasie kann man behaupten, daß ein ganzes Heer aus Deserteuren bestehe, solange Truppe, Hierarchie und Kommandostruktur sich weigern, einer neuen Regierung zu dienen, und der alten treu bleiben wollen. Daß Studenten und Intellektuelle »Faschisten« seien, klingt wahrscheinlicher. Bis zu einem bestimmten Punkt allerdings nur: Es muß klar und eindeutig bewiesen werden, daß ihr Handeln, ihre kultureller Hintergrund und ihre Programme tatsächlich wesentliche Elemente dessen repräsentieren, was man mit den historisch als Faschismus bekannten Fakten bezeichnet (Mussolini und Hitler nämlich).

In Wirklichkeit bezeichnen sich diese Arbeiter, Studenten, Intellektuellen und Soldaten als *Sozialisten*: Ihr Programm räumt dem Privateigentum an Produktionsmitteln keinen Platz ein. Auch dies ein vollkommen nachweisbares *Faktum*. Wenn man spitzfindig sein wollte, könnte man darüber streiten, was bürgerliches Eigentum sei. Auch die eigenen Bücher (für Pol Pot nicht nur Bücher, sondern auch das in Neuronen und Synapsen gespeicherte Wissen)? Oder der kleine Laden? Dabei genügt der faktische Vergleich zwischen dem Bereich des Privateigentums, der von den vorausgegangenen (und von der SU anerkannten) Regierungen erlaubt war, und dem, der von der Regierung Nagy und den »Arbeiterräten« vorgesehen war: Der Prozentsatz des vergesellschafteten Eigentums sollte keineswegs abnehmen und direkt von den Arbeiterräten selbst übernommen werden.

Die stalin-chruschtschowsche Hermeneutik läßt sich davon nicht entmutigen: Sie »beweist« den bourgeoisen (vielmehr den reaktionären und faschistischen) Charakter des Aufstandes nicht auf der Basis der gegenwärtigen Ereignisse (Taten und Programme), sondern auf der einer hypothetischen Zukunft, die als »unausweichlich« bezeichnet wird (nach dem Austritt aus dem Warschauer Pakt und der Befreiung des Kardinals Mindszenty). Im übrigen: Die Regierung Nagy mag legal gewesen sein (ein Faktum, das anhand der Verfassung und der Verträge zu belegen ist), allerdings nur im formalen, im bürgerlichen Sinn. Sie war jedoch illegal, gemessen an dem höheren (und deshalb universellen) Maßstab des proletarischen Internationalismus. Nehmen wir auch diese Spitzfindigkeit beim Wort (dabei haben wir uns allerdings hinterrücks von der Ebene der Fakten auf das verminte Terrain der Werte begeben): Die Vorstellung des proletarischen Internationalismus, die Rosa Luxemburg erfüllt (und die ihr das Leben kostet), steht im Konflikt mit derjenigen Lenins (der dafür die Arbeiter von Kronstadt opfert) und ist das Gegenteil derjenigen Stalins (der sie mit dem Blut der Gulag, der Massendeportationen, der Schauprozesse und anderer Ausrottungsmaßnahmen besudelt).

Welcher Internationalismus also? Um von »brüderlicher Hilfe« zu sprechen, muß man sich auf die Unterstützung einer ideologischen Position festlegen. Nur wenn man diese Wertentscheidung explizit macht (in diesem Falle die Entscheidung für Stalin oder eventuell Lenin), kann die militärische Besetzung eines anderen Landes (und die darauf folgende Marionettenregierung) als »brüderliche Hilfe« deklariert werden. Dann aber wird die doppelte Tautologie, die zum Gelingen der Transsubstantiation notwendig war, erkennbar: Das »moralisch Gute« fällt mit dem Machtinteresse der UdSSR, und dieses wiederum mit dem seiner Führer in eins. Mehr noch: Die *Fakten* waren unbequem, und um sie zu manipulieren, hatte man zu Werten gegriffen. Aber hinter diesen Werten läßt die kritische Analyse das krude Faktum nackter Macht erscheinen.

10

Um zusammenzufassen: Die Beschreibung jedes Ereignisses läßt sich auf einen Kern von nachweisbaren reinen *Fakten* zurückführen, die deshalb *objektiv* (»intersubjektiv zwingend«) sind. Sie bilden das Gerüst unserer *gemeinsamen* Welt. Um diesen (in Wirklichkeit ziemlich umfangreichen) Kern von Fakten legen sich Kreise, in denen das Element der Auslegung enthalten ist und sich immer mehr ausbreitet, während sich der Anteil des unanfechtbar Gegebenen immer mehr verringert. Ohne jedoch ganz zu verschwinden.

Lüge und Fälschung aber zerstören diesen Kern. Logik verbunden mit empirischem Nachweis umschreibt den Bereich der stichhaltigen Argumentation. Bezeichnet den *limes* der Interpretation: Jenseits davon beginnt die Barbarei der Fälschung als Werkzeug der Unterdrückung. Und vor allem: Es bleibt immer möglich, durch logische Analyse wie mit dem Skalpell einen klaren Schnitt zu machen, der den Gehalt des Faktischen von den Werturteilen trennt. Nur wenn es um das reine »Sein-Sollen« geht, wird die Entscheidung für bestimmte Werte souverän. Doch sie muß sich als solche zu erkennen geben.

Darüber hinaus gibt es für die Hermeneutik des Faktums und der Lüge allgemein anerkannte Kriterien. Wir praktizieren sie (bis ins kleinste Detail, bis hin zu ihrer Theoretisierung) jedes Mal, wenn wir eine Behauptung anderer, deren Wahrheit hinkt, widerlegen. Vor allem dann, wenn sie uns selbst betrifft. Und noch mehr, wenn sie uns schadet. Es ist daher gar nicht schwer, sich auf einen Katalog der verbotenen Manipulationen zu einigen, man muß nur die Kriterien festhalten, die denjenigen bloßstellen, der uns diffamieren will, und eisern an ihnen festhalten.

Die Sorge für die Fakten, ihr unnachgiebiger Schutz gegenüber der Zensur und den Beeinflussungen der Macht ist mehr denn je unentbehrliche Voraussetzung für den demokratischen Entscheidungsprozeß und den einzelnen, der dazu beitragen soll. Aber all dies verflüchtigt sich im Westen, wo sich die Demokratie als dem ihr günstigsten Terrain ausschließlich ausgebreitet hatte, immer schneller.

Schon die in *stars and stripes* gewandeten Lügen über den Vietnamkrieg ließen die Fälschungen aus dem Lager Stalins, Chruschtschows und Breschnews als lächerlich primitiv erscheinen. Weißes Haus und Pentagon konstruierten zur Rechtfertigung ihrer Intervention »Fakten«-Häuser mit Täuschungstechnologien von innovativer Wirksamkeit. Sie waren wie mutante Viren in der Lage, sich blitzschnell anzupassen und neue »Fakten«-Gebäude entstehen zu lassen, sobald den vorhergegangenen eine Pinocchio-Nase gewachsen war. Aber die Massenmedien gaben sich damals nicht – jedenfalls nicht immer – mit den »regierungsamtlichen« Wahrheiten zufrieden. Und angesichts der Katastrophe ließ Verteidigungsminister McNamara selbst die Schichtung der Lügen durch eine Untersuchungskommission in siebenundvierzig dickleibigen Ordnern katalogisieren. Als die New York Times öffentlich machte, daß die Macht (im geheimen, nur vor sich selbst) gestanden hatte, jahrelang schamlos gelogen zu haben, funktionierte in der Bevölkerung (und in den Massenmedien) der Reflex von Empörung und Skandal noch.

II

Jetzt nicht mehr. Für die politische Lüge sind im Westen »großartige und fortschreitende Zeiten« angebrochen. Die Unwahrheiten von Bush jr. sind zwar auf den ersten Blick als solche erkennbar und grob zusammengezimmert, werden aber dennoch überall verbreitet und von einem Fernsehen als »Fakten« verkauft, das sich längst ausschließlich in freiwilliger Unterwürfigkeit, Selbstzensur und Täuschung ergeht. Mit patriotischen Lügen und nichts anderem werden über zweihundert Millionen amerikanischer »Bürger« vollgestopft von einem Journalismus, der wahrhaft »embedded« ist: vollkommen vereinnahmt. In Hab-Acht-Stellung und Zu-Befehl-Herr-Hauptmann.

Die Fakten – ohne Anführungszeichen – würden eine ganz andere Geschichte erzählen. Wenn man die Definitionen von Terrorismus und Schurkenstaat heranzieht, wie sie Bush selbst formuliert hat, dann ist – während der ganzen Nachkriegszeit – der Terroristenstaat par excellence derjenige, der von Wall Street, Weißem Haus und Pentagon regiert wird. Und das effizienteste Ausbildungslager der ganzen Geschichte für Terror (im großen Maßstab und gegen Individuen: Attentate, Folter, Massaker, Umstürze, Staatsstreiche …) ist die vom Steuerzahler finanzierte »U.S. Army School of the Americas«, die in Fort Benning, in der kleinen Stadt Columbus (Georgia) stolz ihre ganze Anmaßung zur Schau stellt.*
All das ist real und bewiesen, aber »inexistent«, weil nie vor dem Bürger dokumentiert, bei dem dokumentiert bedeutet, im Fernsehen gezeigt.

---

* Dort wurden unter anderem Folterer und/oder Putschisten und/oder Drogenbarone und/oder Massenmörder wie Leopoldo

Die genaue Anerkennung der bescheidenen (aber – für die Macht – oft schrecklichen und fast immer unbequemen) faktischen Wahrheiten und ihre unmittelbare und ubiquitäre Verbreitung (das heißt im Fernsehen zur besten Sendezeit) bedeuten heute das *ubi consistam* der Information für die Souveränität des *dêmos*. Die nicht manipulierbare Information stellt sich als das Herzstück der Möglichkeit der Demokratie heraus. Ohne die Unparteilichkeit verflüchtigt sich die Welt, die uns als Bürger-Souveräne gemeinsam sein müßte. Die faktische Wahrheit ist also ein *politisches Faktum,* Wein und Brot der Demokratie. Um zu verhindern, daß das Establishment damit spielt wie ein Zauberkünstler, muß sie erster und unveräußerlicher *öffentlicher* Besitz werden.

Wie kann somit eine Demokratie verhindern, daß die Fakten der Willkür der Macht ausgeliefert, nach Belieben dem Einfluß (der Wirtschaft, der Politik, der Massenmedien, dem geballten Establishment also) überantwortet sind, und statt dessen bewirken, daß sie wahrheitsgemäß zur Kenntnis genommen werden? Die Verschleierung der faktischen Wahrheit muß durch die *Verfassung* verhindert werden. Jede

Gualtieri (Argentinien), Hugo Banzer Suarez (Bolivien), Manuel Antonio Noriega (Panama), Humberto Regalado (Honduras), Robert d'Aubisson, René Mendoza Vallecillos und Ricardo Espinoza Guerra (San Salvador), Juan Velasco Alvarado (Peru), Antonio Calleja y Callejas (Guatemala), Jorge Plazas Acevedo und David Hernandez Rojas (Kolumbien) ausgebildet. Insgesamt haben mehr als sechzigtausend südamerikanische Militärs meist von ähnlichem Kaliber die Schule durchlaufen. Die (neben den Reden Bushs) offfizielle, vom FBI verbreitete Definition von Terrorismus lautet »illegaler Gebrauch von Macht und Gewalt gegen Personen oder Eigentum zum Zwecke der Einschüchterung oder des Zwangs gegen eine Regierung und die Zivilbevölkerung, um politische und soziale Ziele zu erreichen«.

Form des Oligopols im Bereich der Massenmedien muß zerschlagen werden, und statt dessen muß eine Vielzahl von Informationsquellen geschaffen und verbreitet werden. Die Zentren der Informationserstellung und -verbreitung müssen zergliedert und vervielfältigt werden, so daß die Verifizierung der Fakten für *jedermann* zugänglich ist. Die Vergewisserung über ihren Wahrheitsgehalt wird nur dann wahrscheinlich, wenn alle daran teilhaben können, wenn sie allen offen steht.

Transparenz ist daher der Rohstoff der demokratischen Macht, ihre unwiderrufliche und grundlegende Pflicht: Jede Behinderung der allseitigen Möglichkeit der Kontrolle bedeutet nichts weniger als einen Angriff auf die Demokratie. Und erfordert Sanktionen, die ihn gesellschaftlich untragbar machen. Die Lüge über ein die Öffentlichkeit betreffendes Faktum muß ein Tabu werden, dessen Verletzung den Politiker, der dies tut, definitiv ächtet und eine reflexartige Reaktion einstimmiger Verurteilung und den sicheren, gänzlichen Verlust von Zustimmung nach sich zieht. Man nenne dies nicht eine bloße Chimäre: Kein Geringerer als der Präsident im Kernland des westlichen Empire wurde wegen einer unschuldigen Geschichte um eine ganz private »Zigarre« vor einen Untersuchungsausschuß gestellt. Es übersteigt also keineswegs die menschlichen Kräfte und die Vorstellungskraft der Demokratie, eine »Rote Liste« mit den Gegengiften gegen sozial und institutionell mögliche Lügen anzulegen. Die politische »Wissenschaft« müßte, wenn sie denn existierte, sich um dieses Thema kümmern.

12

Doch der real existierende Westen (der natürlich das Kommando führt) scheint die bescheidenen faktischen Wahrheiten ebenso zu hassen wie der Totalitarismus und sogar noch mehr: Und das, obwohl er stets mit der Achtung der Meinungsfreiheit hausieren geht. Das sollte nicht als ein Widerspruch erscheinen. Trotzki aus dem Bild wegzuretuschieren, auf dem er während der Ausrufung der Revolution neben Lenin auf der Tribüne zu sehen war, ist eine veraltete und riskante Technik politischer Lüge. Beim Niedergang der Demokratie hat man viel bessere Verfahren zur Beseitigung unangenehmer Fakten entwickelt: sie nicht neu schreiben, sondern zu bloßen Meinungen degradieren. Ein Faktum ist kein Faktum mehr, ein Stolperstein für jede Argumentation und jede Macht. Es hat nur noch den Status einer beliebigen Meinungsäußerung. Daß im Irak keine Massenvernichtungswaffen existierten, stellt demnach nur eine bestimmte Sichtweise (die der Friedensdemonstranten) dar, die ebenso zulässig ist wie die gegenteilige (die der Regierung). Scheinbar: Denn durch die Herabstufung von Fakten zu Meinungsäußerungen gewinnen nur die Meinungen derjenigen das unwiderrufliche Gewicht von Fakten, die damit massiv die Informationsterminals füttern können. Die der Fakten entleerte gemeinsame Welt wird ausschließlich zur Welt der *herrschenden* Meinungen. Die Welt der Stärkeren.

Im übrigen paßt alles zusammen: Institutionalisierte Formen der Verwischung der Grenze zwischen Wahrheit und Lüge und willfährige (und deshalb hochbezahlte) Manipulation der Wirklichkeit beherrschen längst die Kommunikation und den Alltag. Die Werbung in erster Linie. Auch die (seltenen, selten angewandten und sehr allgemein gehaltenen)

Selbstverpflichtungen lassen im übrigen Lügen in mehr als homöopathischen Dosen zu. Diese Whiskey-Marke garantiert: Ein Superweib entschlüpft wie durch ein Wunder deiner Flasche, bereit nur für dich. Man wird entgegnen: Wir wissen doch, daß es sich um eine Übertreibung handelt, um Schwulst und Phantasterei. Wissen wir es wirklich? Wenn wir es mit unserem Bauch (und unserem Portemonnaie) wüßten statt als Behauptung unserer (behaupteten) Seele, würde diese Marke nicht mehr gekauft und deshalb keine Reklame mehr gemacht.

Das Universum der »public relations« unterscheidet sich davon nicht sehr. Auch hier geht es darum, Wundergeschichten über Dinge wie Unternehmen, Marken, Produkte und Veranstaltungen zu verbreiten, die als nüchterne Information betrachtet, viel weniger einnehmend wären: Die Realität muß wie eine Hure geschminkt werden. Von da führt ein direkter Weg zu der Fälschung von Bilanzen und Dossiers und zu Nachrichten, die völlig aus der Luft gegriffen sind.

Auf der Bühne, in die sich das Leben unter der Herrschaft des Bildschirms verwandelt, hat sich der Unterschied zwischen der »Kreativität« von Werbung, der »Übertreibung« der »public relations« und der ausdrücklichen Fiktion des ganz normalen Schauspiels auf der einen Seite und den als Nachrichten wiedergegebenen Fakten auf der anderen längst in einem unentwirrbaren Gemisch von Genres und Programmen verwischt. Die elektronische Kolonialisierung der Existenz erweitert die Möglichkeiten der Lüge über jedes Maß, denn sie löscht immer mehr den Unterschied zwischen Fakten und Phantasie, zwischen Bericht und Fiktion aus. Ein ununterbrochener Strom vom Bildern, in dem eine wirklich geschehene Tragödie, eine vorgetäuschte Tragödie und ein Werbegag in ununterscheidbarer Folge vor dem unaufmerksamen und unkritischen Betrachter ablaufen. Der Journalist, der Schauspieler, der Politiker, der Leistungssportler und nicht zuletzt die Comicfigur sind alle gleichermaßen Teil des Spektakels, ähnlich und austauschbar, Protagonisten und Karikaturen ihrer Selbst in ein und derselben Live-Show. Mit der »Reality-Show« schließt sich der Kreis (bis dato und in Erwartung weiterer Vervollkommnung): Das »wirkliche Leben« wird programmierte Inszenierung, und jede Inszenierung erhält damit die Würde der Sache selbst.

So sieht unsere Welt längst aus. Jüngstes Beispiel ist die Auseinandersetzung innerhalb des Senders CNN, bei der sich die (rührend antiquierten) Verfechter eines Informations-Journalismus den Verfechtern des Unterhaltungs-Journalismus in der Frage gegenüberstehen, wie die Zuwachsraten des Konkurrenten Fox gestoppt werden könnten, der ohne jede Scham die zweite Form praktiziert. Auf den Ausgang der Debatte werden keine Wetten angenommen.

Das ist nicht alles. Fälschen, ja immer wieder Fälschen (auch das schon Gefälschte) ist zu einem Kinderspiel geworden, seit sich das Erinnerungsvermögen an die Aufmerksamkeitsspanne des Fernsehens, die nur einen Moment dauert, angepaßt hat. Denn um einen Widerspruch festzustellen, muß man wenigstens solange aufmerksam bleiben, solange es dauert, zuerst *a* und dann *nicht-a* zu sagen (»contra dicere«). Doch mit dem Verschwinden der Zeit in der »Dauer« des Kathoden-impulses – diesem endlich realisierten metaphysisch-idealistischen Delirium – wird jede Sendung, ja jeder Moment der Sendung zu seiner eigenen Geschichte. Jeder Augenblick hat seine eigene Wahrheit. Schlimmer noch: Er *ist* seine eigene Wahrheit, gleichgültig, ob er mit dem vor einem Monat, vor einem Tag oder vor einer Minute unvereinbar ist.

Darüber hinaus spricht das Fernsehen die psychologische

Disposition an, daß uns das Leiden eines einzelnen Menschen viel mehr anrührt als die abstrakte Aufzählung von Toten mit vielen Nullen. Das vietnamesische Kind, das nackt vor den amerikanischen Tieffliegern flieht und sich sogar retten kann, bewegt die ganze Welt, aber die Tausende und Abertausende anonymer Toter, die in einer der unzähligen »Säuberungsaktionen« durch Napalm umgekommen sind, verdienen, wenn es hoch kommt, ein paar Zeilen: Seite zwölf, eine Spalte, kleingedruckt.

Der massenhafte Einsatz von Kinderarbeit unter grausamen Bedingungen und völliger Rechtlosigkeit, aus denen die multinationalen Konzerne in den Fabriken der Dritten Welt ihre Profite ziehen, ist ein nachgewiesenes und abstrakt bekanntes *Faktum*. Aber es wird nur dann zur *Nachricht* (und ruft glücklicherweise Empörung hervor), wenn ein Fernsehsender daraus eine erfolgreiche *Story* macht, indem er es auf eine individuelle Geschichte reduziert: Ein Kind mit asiatischen Gesichtszügen, das für zwei Dollar pro Tag Nike Turnschuhe herstellt, wird nach New York importiert, um dort in den Hochhausschluchten vor dem Luxusgeschäft, in dem seine Fron – anderen – ein Vielfaches der zwei Dollar einbringt, über seinen Arbeitstag zu berichten.

Wir sollten uns jedoch nicht täuschen lassen: Die Empörung dauert höchstens vom Aperitif bis zum Abendessen. Im günstigsten Fall eine Woche. Ausreichend, um ab und an das Leben irgendeines Unterdrückten zu erleichtern (immerhin ein glücklicher Umstand, den nur derjenige, der gar nicht weiß, wie privilegiert er ist, außer acht lassen kann). Die Massenwirkung ist jedoch in der Zwischenzeit verflogen: Der Tele-Untertan hat sich sein Recht zu vergessen mit dem guten Gewissen der Rührung (und einer kleinen Spende, hoffen wir) über das Einzelschicksal erkauft. Man kann sich deshalb anderer und vielleicht auch sehr viel leichterer Kost zuwenden: doch mit der gleichen Hingabe.

13

Sinnlos also, den Kopf in den Sand zu stecken: Das Fernsehen *als solches* ist eine Bedrohung für die Demokratie. Dabei müßte es als erstes dem modernen »Fürsten« zu Diensten sein: Dem Bürger die Kenntnis der Fakten ermöglichen und ihn so in die Lage versetzen, sich für die Politik zu entscheiden, die ihm am besten erscheint, und die Politiker (und ihre Neigung zur Lüge) zu kontrollieren, die er mit ihrer Verwirklichung beauftragt hat. Statt dessen *entscheidet* das Fernsehen die Realität, *schafft* die Fakten und die Emotionen. Die Asymmetrie und damit die Abkehr von der Demokratie wächst, denn die Medien sind in der Hand von Oligopolen, die immer öfter Teil des Establishments der Finanzwelt, der multinationalen Konzerne und der Zunft der Berufspolitiker sind.

Unparteilichkeit ist eine Leidenschaft, die außerhalb der abendländischen Kultur unbekannt ist. Innerhalb der Tradition dagegen, in die uns das Schicksal geworfen hat, ist sie eine kulturelle Errungenschaft, wenn auch stets bedroht von der Macht; sie ist Nährstoff der Politik, wenn auch stets von der Herrschaft gefährdet; sie ist Grundlage des Zusammenlebens, wenn auch oft vom Dünkel der Regierung verachtet. Sie ist, mit einem Wort, Gerüst des Widerstands. Der Einsatz. Mehr noch: der höchste und entscheidende Einsatz, denn wenn er verloren ist, verliert sich die Macht jedes einzelnen und die Form demokratischer Herrschaft selbst. Sich mit ihrem Niedergang abzufinden, bedeutet, den einzigen

»civilization clash« zuzulassen, den ein auf seine Freiheiten bedachter *dêmos* unter allen Umständen vermeiden sollte.

Es sollte klar sein: Die Macht, die lügt, leugnet oder die Fakten manipuliert, belügt sich letztlich auch selbst. Die Logik der Lüge entfaltet, sobald sie stillschweigend gefördert wird, eine Dialektik, die alle hierarchischen Ebenen erreicht und paradoxe Ergebnisse hervorbringt: Um Karriere zu machen, sagt man den Vorgesetzten, was sie hören wollen. Mit jeder Stufe der Pyramide nimmt der Realitätsgehalt der Informationen ab. Je höher man steht, desto weniger weiß man von der Welt. Die Spitzen der Macht freuen sich darüber, daß die »Fakten« sich in vollkommenem Einklang mit ihren Wünschen entwickeln. Bis zum plötzlichen Zusammenbruch: Sei es die Flucht aus Saigon oder der Fall der Berliner Mauer.

Am Ende rächt sich die Lüge also auch an der Macht selbst, die sie in die Welt gesetzt hat. Eine tröstliche Feststellung, und dennoch wahr. Ihre Lüge wird sich (nicht immer) auch für die Macht selbst tragisch auswirken, aber erst *danach:* Die Rechnung muß die Bevölkerung zahlen, manchmal das Regime, fast nie jedoch die Machthaber, die aus der Lüge eine »Tugend« gemacht haben. Stalin starb in seinem Bett, Mao ebenso, hochgeehrt. An der Spitze Rußlands steht, dem Mauerfall zum Trotz, ein Mann des KGB, das heißt die Lüge par excellence. Kissinger ist ein lebender Mythos, er verdient Tausende von Dollar für jeden Vortrag, und die Generationen von Peronisten und Putschisten, die Argentinien zugrunde gerichtet haben, lassen es sich mehr denn je demonstrativ gut gehen, während die Hausfrauen mit ihren leeren Kochtöpfen demonstrieren und Streikende niedergeschossen werden.

Und was wissen wir im übrigen – nach vierzig Jahren! – über die Ermordung der beiden Kennedys?

Es gibt ihn also wirklich, den gefürchteten Virus der Jahrtausendwende: Nicht der fabelhafte Zusammenbruch der Computer wegen des Fehlens einer Null, sondern die ernstzunehmende Drohung einer freiwilligen Knechtschaft, die wir vor uns selbst geheimgehalten haben. Wir haben sie zur (geräumigen) Heimstatt unserer postmodernen Existenz hochstilisiert, haben sie gehegt und gepflegt als Mentor, Freund und Amme. Der Gegenpol ist die triumphale Emanzipation der Macht von jeder faktischen Wahrheit, von jeder lästigen Nachfrage. Es wird nicht genügen, sich darüber klar zu werden. Es wird vielmehr darum gehen, machtvolle Strukturen aufzubauen (mindestens so machtvoll wie die Bedrohung), in denen Ehrlichkeit und Wahrheit das wichtigste Kriterium sind und als Antikörper wirken können: institutionell, kulturell, anthropologisch.

III One man, one vote

14

Ziehen wir eine vorläufig Bilanz dessen, was wir bisher geklärt haben. Vor allem die hochgepriesene These, wonach die prozedurale Demokratie an die Stelle der substantiellen Demokratie zu setzen sei, erweist sich als vollkommen unhaltbar. Demnach wären nach der Abhaltung verfassungsgemäßer Wahlen alle inhaltlichen politischen Entscheidungen – unter dem Gesichtspunkt ihrer demokratischen Legitimation – gleichwertig, weil legitim.

Wir haben jedoch festgestellt, daß a) gerade zur Aufrechterhaltung des Mehrheitsprinzips und demnach b) im Interesse einer wirklich freien Entscheidung, der *dêmos* als Gemeinschaft der (potentiellen) Dissidenten zu verstehen ist, in dem die Unverwechselbarkeit jedes einzelnen garantiert sein muß. Damit das Individuum nicht zum ideologischen Stimmvieh verkommt, ist deshalb unverzichtbar: die *unbedingte* Gültigkeit aller substantiellen politischen Elemente, ohne die die Bedingungen für die unverwechselbare Existenz jedes – für das demokratische Gemeinwesen *unverzichtbaren* – einzelnen zunichte würden.

Mit anderen Worten: Viele nach den demokratischen Regeln gefällten Entscheidungen können den Voraussetzungen der Demokratie selbst widersprechen. Prozedural vollkommen legal, aber vollkommen und aggressiv antidemokratisch: Eine derartige Politik greift die wenigen, überaus fragilen – deshalb aber um so wichtigeren – »Fundamente« der Demokratie an. Wir sollten versuchen nie zu vergessen, daß der Anstreicher aus den Münchner Bierkellern an die Macht kam, um mit seinem Führerprinzip die Demokratie zu zerstören, nachdem er sich genau an die in der Weimarer Republik geltenden Regeln gehalten hatte.

Die Demokratie ist nämlich von Natur aus stets der Gefahr der Selbstzerstörung ausgesetzt. Das haben wir gleich zu Anfang entdeckt: Ohne eine heteronome Legitimation hält sich der souveräne *dêmos* im unendlichen Nichts selbst am Schopfe. Die verfassungsmäßigen Prozeduren sind keine Garantie: gegen das Verenden der Demokratie durch Untätigkeit oder durch Harakiri. Um sich zu schützen, muß sie sich verwurzeln, jeden Tag aufs neue: Sie muß unnachgiebig durch die Entscheidungen ihrer substantiellen Gesetzgebung ihre Voraussetzungen schützen, das heißt den Primat des Dissidenten, der jeder von uns sein wollen kann. Die Demokratie ist deshalb zwar *begrenzte* Herrschaft – wie uns die Gründerväter der Vereinigten Staaten gelehrt haben –, aber auch *definiert* durch diese unumgängliche *Verpflichtung*: gegenüber allen substantiellen politischen Elementen (im Sozialen, in der Kultur, im Informationswesen usw.), die wir der Reihe nach als unverzichtbar für das Überleben jener unnatürlichen und höchst artifiziellen Kreatur kennengelernt haben, die wir *Individuum* nennen.

Der Vulgärliberalismus hält dagegen hartnäckig an dem Vorurteil fest, daß dem Mehrheitswillen meistens, wenn nicht sogar immer, hinsichtlich weitergehender (in der Regel wenig einschneidender) sozialpolitischer Entscheidungen Grenzen gesetzt werden müssen, die als Ausgangspunkt für das Abrutschen in den Totalitarismus hingestellt werden. Wir aber entdecken, daß genau das Gegenteil richtig ist: Ohne eine solche Politik verliert die Demokratie ihre liberale Substanz, weil sie Individuen verliert: nämlich die materielle Freiheit des Dissidenten, die, wenn sie bedroht ist, das Mehrheitsprinzip selbst bedroht. Eine ganze Denktradition, die zwar anmaßend auftritt, aber brüchig ist, muß deshalb kritisch in ihr Gegenteil verkehrt werden, um das Individuum ernst zu nehmen: die Theorie der formalen Demokratie und des prozeduralen Konstitutionalismus.

Der Konstitutionalismus ist Ausdruck der entscheidenden Bedeutung dieses Problems – der stets vorhandenen Antinomie zwischen der Macht des *dêmos* und seiner Möglichkeit, sich durch eigene Entscheidungen selbst zu zerstören – und dem verzweifelten Versuch, diese Antinomie aufzuheben. Die Lösung wird jedoch zur bloßen *Illusion*, wenn nicht der *bíos* (Gesundheit, Wohnung, Bildung usw.) und die Informiertheit (institutionelle Gegengewichte gegen die Lüge) der Bürger garantiert sind.

Um diese Ergebnisse erneut zu verifizieren, gehen wir von der prozeduralen Mindestanforderung aus, die von niemanden, der heute von Demokratie spricht, nicht einmal aus der erzkonservativen Ecke, bestritten wird: dem Prinzip »one man, one vote«.

Vorausgesetzt ist dabei selbstverständlich der Pluralismus von Listen und Kandidaten. Außerdem muß die Wahl geheim sein und jede Form von Wahlbetrug ausschließen. Das verlangt jedoch bereits, angefangen bei den Wahlhelfern, die »Souveränität« unparteiischer und von der politischen Macht vollkommen unabhängiger Kontrollen. Damit unvereinbar ist es beispielsweise, daß eine Kommission des neugewählten Parlaments etwaige umstrittene Fälle untersucht: Die Mehrheit würde dann ihren Willen gegen eine *angebliche* Minderheit durchsetzen: In Wirklichkeit könnte sie nämlich die wahre Mehrheit sein, wenn viele umstrittene Fälle in ihrem Sinne gelöst würden.

15

Wir stehen erst am Anfang einer langen Reihe substantieller politischer Forderungen, die unerläßlich sind, um ein Minimum an prozeduraler Gleichheit zu garantieren. Damit alle wirklich die Freiheit besitzen, zur Wahl zu gehen (und zu kandidieren), ist es unerläßlich, daß keinerlei Einschüchterungen auf die Meinungsbildung einwirken, und keinerlei Gewaltakte Folgerungen suggeriert, die eine freie Entscheidung nur um den Preis des Heldentums außer acht läßt. Wenn bewaffnete Banden töten und entführen oder mit der bloßen Drohung Terror verbreiten können, ist das Prinzip »one man, one vote« bereits ausgehebelt und der Souverän heißt nun »eine Kugel, eine Stimme«. Im Kolumbien der Drogenbarone sind Attentate auf Kandidaten eine Art Volkssport, und in vielen russischen Städten bewegt sich kein Blatt (und keine Stimme), wenn die Mafia nicht will, ganze Regionen Italiens kennen in unterschiedlicher Intensität die Überzeugungskraft der Männer der ehrenwerten Gesellschaft. Man sollte aber nicht glauben, es handle sich hier um Erscheinungen an der Peripherie des Westens, die man nicht verallgemeinern sollte. Was hat zur Wahl Lyndon B. Johnsons geführt, wenn nicht die Schüsse (von denen wir bis heute nicht einmal wissen, wie viele), die John F. Kennedy getötet haben? Und was hat die Wahl seines Bruders Bob verhindert, wenn nicht ebenfalls eine Kugel?

Um freie Wahlen zu garantieren, ist daher eine Politik notwendig, die jede Form der Mafia ausschließt, jede Gewalt, jeden Anschlag, ja die bloße Möglichkeit eines Anschlags (und wenn es doch dazu kommt, alles in Bewegung setzt, um die dahinter stehenden Kräfte sofort aufzudecken). Eine institutionelle Praxis und Regierungspolitik dagegen, die zuläßt, daß Untersuchungen über Verbrechen wie an einer Gummiwand abprallen und Rätsel ungelöst bleiben, ist bereits in sich antidemokratisch (und deshalb, wenn es in Amerika geschieht, antiamerikanisch. Damit sollten sich Ausschüsse wie der von McCarthy beschäftigen). Sobald die Unnachgiebigkeit gegen mafiaähnliche Strukturen auch nur ins Wanken gerät, fällt über die Demokratie der Schatten ihres eigenen Untergangs. Eine Mehrheit, die auch nur den Anschein zuläßt, sie stecke mit den »Freunden der Freunde« unter einer Decke, hat das Terrain der Demokratie bereits verlassen.

16

Doch das Prinzip »one man, one vote« bedeutet auch Gleichheit der Wahl gegenüber dem Geld. Dieses Thema wird gewöhnlich verdrängt, obwohl es wie ein Felsen auf dem Funktionieren eines Minimums an prozeduraler Demokratie lastet. Die Gleichheit der Bürger ist formal genau aus dem Grund, weil sie abstrahieren muß von jeder sozialen Differenz. Klassenunterschiede sind deshalb (im Rahmen des Gesetzes) im Rahmen der Zivilgesellschaft legitim, müssen aber im Rahmen der Politik und des Justizwesens neutralisiert (d.h. bis zur Unwirksamkeit reduziert) werden. Andernfalls ginge gerade jene abstrakte und formale Gleichheit verloren, die den unverzichtbaren Kernbestand der juristisch-politischen Sphäre ausmacht. Wenn im Rahmen der Politik das Vermögen oder Einkommen als solches ein gewisses Gewicht hat, ist das Prinzip »one man, one vote« vom Klassenunterschied ersetzt und lautet nun: »soundsoviele Dollars, eine Stimme«. (Das gleiche müßte für die Gerichtssäle gelten: Wenn Geld – d.h. Bataillone von Staranwälten – die Aussicht auf Freispruch erhöht, dann ist das Gesetz nicht für alle gleich. Die formalen Anforderungen für die Gleichheit vor dem Gesetz sind höher als die Wohlmeinenden gewöhnlich vermuten).

Wenn man die formale Demokratie wirklich beim Wort nimmt, muß die Politik jedem »abstrakten« Bürger gleiche Chancen bei den Wahlen einräumen (andernfalls hat sie ihn schon ausgelöscht und ihn durch den »konkreten« Wohlhabenden – oder den armen Schlucker – der Zivilgesellschaft ersetzt). Die Politik muß deshalb auf jede private, ihrem Wesen nach ungleiche Finanzierung verzichten, aber auch auf jede Ungleichheit in der öffentlichen Finanzierung. Ohne gleiche Chancen sind die Wahlurnen von vorneherein manipuliert: Beispielsweise dann, wenn derjenige, der in der Vergangenheit mehr Stimmen bekommen hat, in Form von Geld oder Sendezeit bevorzugt wird. Der einzige Weg, den Anforderungen der prozeduralen Demokratie zu entsprechen, ist deshalb die Finanzierung *in natura*, d.h. in Kommunikationsressourcen, die allen Kandidaten in gleicher Weise zur Verfügung stehen (wobei natürlich die Nutzung zu anderen Zwekken ausgeschlossen sein muß).

Selbstverständlich ist der Mindeststandard prozeduraler Demokratie schon in die Brüche gegangen und die freie und gleiche Wahl nur noch ein Popanz und ein Spott, wenn man Stimmen kaufen kann. Korruption, frisierte Ausschreibungen, gegenseitige Gefälligkeiten nehmen dem Prinzip »one man, one vote« seinen minimalen und unverzichtbaren poetischen Reiz und setzen an seine Stelle die prosaische Zerstörung der Legalität nach dem Prinzip »ein Schmiergeld, eine Stimme«. Sobald eine Regierung nachgiebig gegenüber Korruption ist, wendet sie sich bereits aktiv *gegen* die Demokratie. Nur eine gegenüber Korruption absolut intransigente Politik, auch in homöopathischen Dosen, kann die Mindestanforderungen der prozeduralen Demokratie erfüllen. Es hat überhaupt nichts mit Moralismus zu tun, wenn ein Geschenk über fünfzig Dollar (einschließlich des »Arbeitsessens«) als Korruption betrachtet wird, die ein Mandat (und damit zehntausende Stimmen) ungültig macht. Das gleiche gilt, wenn ein gewählter Abgeordneter die festgelegte Höchstsumme der Ausgaben auch nur um einen Euro überschreitet.* Statt dessen geht es darum, Ausnahmen, gewagte Rechtsverdrehungen, Ablässe *ad hoc* und andere Winkelzüge der Nomenklatur unter keinen Umständen zu tolerieren. Es ist eine Binsenwahrheit, daß auch die geringste Nachgiebigkeit gegenüber der Korruption der demokratischen Ordnung eine kaum heilbare Wunde zufügt.

Das freie und geheime Wahlrecht verlangt, daß *jeder* kandidieren kann. Wenn die Wahl der Kandidaten in der Hand einer oligarchischen Clique liegt, wird der demokratische Charakter des gesamten Wahlverfahrens diskreditiert. Die zunehmende Interesselosigkeit der Wähler für den Urnengang nährt sich aus der exklusiven Verfügungsgewalt der Parteiapparate über die Kandidatenauswahl. Nur wenn dieser monopolistische »Keuschheitsgürtel« aufgebrochen wird, können neue Formen der Repräsentation entstehen (vielleicht im Gefolge von politischen »Bewegungen«, die erst erprobt werden). Dann kann man der Wahlmüdigkeit entgegenwirken, genauso wie dem Wählen des »kleineren Übels« und anderen Formen des »Wählerstreiks«, die die Demokratie zersetzen.

Die offizielle Politikwissenschaft hält diesen Punkt selten

* Es handelt sich hier nicht um maßlose Forderungen von »Saubermännern«, sondern um – beispielsweise in den USA und Frankreich – geltendes Recht.

für ein entscheidendes Problem (und befaßt sich deshalb lieber mit anderen Fragen, insbesondere mit der Stabilität der Regierungen). Um uns nicht im Labyrinth der Wahlsysteme zu verlieren, muß ein Beispiel genügen: Die dem Mehrheitswahlrecht mit Ein-Mann-Wahlkreisen und nur einem Wahlturnus innewohnende Tendenz, den Bürgern das Wählen als sinnlos erscheinen zu lassen. Seine Stimme einem Kandidaten zu geben, der nicht die geringste Chance hat, fünfzig Prozent der Stimmen zu erreichen, heißt in diesem System soviel, wie einen ungültigen Stimmzettel abzugeben. Das weiß der Kandidat, und das weiß auch der Wähler. Wer eine konsistente Minderheit vertritt, ohne aber auch nur entfernt die fünfzig Prozent zu erreichen, wird deshalb von vornherein auf eine Kandidatur verzichten. Daraufhin werden viele gar nicht zur Wahl gehen, weil sie sich nicht mit dem »kleineren Übel« von zwei, höchstens drei Kandidaten zufriedengeben, die übrigbleiben und sich immer mehr ähneln (den allermeisten erscheint es deshalb wie die »Wahlfreiheit« zwischen Jacke und Hose).

Dieser circulus vitiosus hängt aufs engste mit den ständig steigenden Kosten des »Politik Machens« zusammen und setzt eine regelrechte *Spirale* in Gang, die sich auf die freie Wahl verheerend auswirkt. Denn es heißt kurz gesagt a) Wer keine großen Chancen hat, die Wahl zu gewinnen, wird nirgends Gelder zur Finanzierung des Wahlkampfs auftreiben; b) eine Minderheit wird nie wachsen und die Schwelle erreichen, die sie zu einem ernstzunehmenden Konkurrenten macht; c) nicht nur radikale Randgruppen, sondern auch konsistente Minderheiten zwischen den Fronten werden von der politischen Bühne verschwinden. Sie werden faktisch vertrieben und ziehen die Hälfte der Wählerschaft oder sogar mehr mit sich (daß die Abgeordneten mit höchstens zwanzig bis fünfundzwanzig Prozent der Stimmen gewählt werden, ist in den USA und Großbritannien inzwischen die Normalität). Sogar das amerikanische Establishment, das aus dieser Situation reichlich an Macht profitiert, sieht bereits Grund zur Sorge: Eine halbes Land ohne gewählte Vertretung stellt ein potentielles Pulverfaß dar.

17

Gehen wir weiter. Um Wählergunst zu gewinnen, muß man »Gehör finden«. Ungleiche »Präsenz« führt zu asymmetrischen Wahlchancen. An die Stelle des *fairen* Wettstreits träte ein von vorneherein *beeinträchtigtes* Ergebnis: verfälscht durch Handicaps und Begünstigungen. Wiederum treffen wir auf das längst entscheidende Problem für das Funktionieren der Demokratie: auf das Fernsehen und die Gleichheit der Bürger vor dem postmodernen Gott, der überall präsent ist. Denn, das dürfen wir nicht vergessen, die Mindestanforderungen der prozeduralen Demokratie verlangen »one man, one vote«, nicht »ein Spot, eine Stimme«. Die Präsenz auf dem Bildschirm ist das entscheidende Quentchen an Gleichheit oder Ungleichheit, das den Unterschied zwischen Oligarchie und Demokratie ausmacht. Gleichheit vor der Röhre ist die eigentliche *Freiheit der Postmoderne*. Wahlkampf ohne gleichen Zugang zum Fernsehen bedeutet demnach unausweichlich eine *getürkte* Demokratie: eine schön geschminkte *Fälschung*.

Der gleichberechtigte Zugang zum Fernsehen läßt sich natürlich nicht nur nach der Zeit bemessen, sondern auch nach der zeitlichen Plazierung (wie die unterschiedlichen Preise für die Werbung klar beweisen). Da es aber um Politik geht, ist noch etwas anderes wichtig, was fast nie Beachtung findet: Gleiche Zeitspannen zu gleichwertigen Sendezeiten müssen Zeiten der *argumentativen Kommunikation* dienen.

Für einen wirksamen demokratischen Wettstreit würde der (heute jedenfalls vollkommen illusorische) gleichberechtigte Zugang zum Fernsehen in jedweder Form allein nicht ausreichen. Wahlspots von gleicher Länge zur gleichen »Prime Time« würden nur Gleichheit zwischen »Werbefachleuten« bedeuten und nicht zwischen *politischen* Gegnern, wobei wir ja bereits festgestellt haben, daß Werbung eine Form institutionalisierter Lüge ist: funktional für die Warenzirkulation, aber vollkommen unvereinbar mit den unverzichtbaren Mindestvoraussetzungen demokratischer Regeln. Wenn Werbung in der Politik zirkuliert, wirkt sie wie ein Gift, das die Konsensbildung angreift und die Entscheidungsfreiheit gefährdet. Statt dessen müssen alle Kandidaten ein Recht auf einen gleich bemessenen Raum für argumentative Kommunikation im Fernsehen haben: zum Widerspruch verpflichtet, zur Auseinandersetzung »mit Waffengleichheit« gezwungen ohne das Monopol zum Monolog oder zu »Interviews« mit unterwürfigen Partnern.

Zu den immer zahlreicher werdenden Mindestanforderungen der prozeduralen Demokratie gehört also auch eine detaillierte Regelung für die Rolle von Politik und Wahlkampf im Fernsehen. Sie muß der direkten Konfrontation den Vorrang einräumen, effekthascherische Formate ausschließen und Politik als bloßes Entertainment auf ein Minimum reduzieren, zugleich aber den langweiligen politischen Einheitsbrei verhindern (aus dem Politikverdrossenheit erwächst, die dann zum Nährboden für populistische und andere autoritäre Strömungen wird). Der heuchlerische Hinweis auf technische Schwierigkeiten ist hier völlig fehl am Platze: Um hohe

Einschaltquoten zu erreichen, genügt ein Journalismus, der sich gegenüber den Politikern nicht unterwürfig, sondern »unbequem« verhält. Ein – nicht zu kleiner – Rest, der mehr zur Show als zur leidenschaftlichen Argumentation gehört (vom lat. argumentum, arguere = beweisen), wird auf jeden Fall bleiben, beispielsweise die gewichtige Rolle eines Lächelns, das eine Schlußfolgerung unterstreicht (wie die durch empirische Erhebungen belegte Geschichte der Demoskopen, daß ein kleiner zahnärztlicher Eingriff über ein Septennat Mitterands entschieden habe). Den Anteil der Show in der politischen Auseinandersetzung auf ein Minimum zu reduzieren, ist deshalb für das Funktionieren der Demokratie grundlegend und kann, wenn man sie ernst nimmt, nicht dem Belieben anheim gestellt sein.

Um politische Zustimmung zu gewinnen, muß man sich organisieren. Freie Wahlen sind nicht möglich ohne Organisationsfreiheit. Öffentliche Organisation natürlich, nicht Geheimbündelei. Eine Organisation also, die sich zeigen können *muß.* Die Freiheit, auf die Straße zu gehen, ist nicht zufällig sehr viel früher erkämpft worden als das allgemeine Wahlrecht. Auch als die Wahlurnen für die »Hälfte des Himmels« noch verschlossen waren, garantierte das erste Amendment *allen* das Recht, sich in der Öffentlichkeit zu versammeln (und von den öffentlichen Plätzen aus eroberten die Frauen sich das Wahlrecht). Die Wahl ist somit nur einer der Momente des demokratischen Lebens. Die Freiheit des öffentlichen Raumes ist ebenso unverzichtbar. Die notwendigen Bedingungen für die Ausübung des Wahlrechts zu garantieren, aber die für die Ausübung des Rechts auf Versammlungsfreiheit zu vernachlässigen, ist also eine – nicht immer unschuldige – Beeinträchtigung, die die Demokratie auch in ihrer minimalsten und prozeduralen Form ins Wanken bringt. Die öffentliche Ordnung zu gewährleisten, muß deshalb in erster Linie heißen, das Recht der Bürger zu garantieren, auf den Straßen zu demonstrieren. Gegen etwaige Anordnungen der Regierung, die dieses Recht einschränken wollen, muß eine »dritte« Gewalt als Garant dieses Rechts vorgesehen sein, bei der man Einspruch erheben kann. Ohne das Recht auf die Straße ist das Wahlrecht unwiederbringlich eingeschränkt und ungültig gemacht.

18

An diesem Punkt können wir Bilanz ziehen. Ausgegangen sind wir von zwei Selbstverständlichkeiten – der Mehrheitsentscheidung und der Regel »one man, one vote« – auf die sich alle, auch diejenigen, die nur Mindestanforderungen an die Demokratie stellen, einigen können. Jede andere, auch nur implizite Voraussetzung haben wir ausgeschlossen. Dabei hat sich herausgestellt: Wenn man das prozedurale Minimum streng analytisch entwickelt, bringt es eine unerwartete Fülle von zwingenden, substantiellen Implikationen mit sich: Rechte (d.h. Macht) auf der Seite der Bürger, Pflichten (d.h. Beschränkungen) auf der Seite der politischen Macht – der Legislative und Exekutive.

Nur Gesetze, die diese Konstellation von Rechten und Pflichten schützen und fördern, sind demokratische Gesetze. Gesetze, die dazu im Widerspruch stehen, führen schrittweise zur Aushöhlung der Demokratie, auch wenn sie mit überwältigender Mehrheit beschlossen wurden, denn sie entsprechen nicht dem kleinsten gemeinsamen (prozeduralen) Nenner der Demokratie selbst. Wohlverstanden: einer unausweichlich *repräsentativen* Demokratie. Denn die direkte

Demokratie ist in keiner Weise existenzfähig und eine bloße Illusion. Sie ist nicht nur heute unmöglich, sondern hat auch nie existiert. Kann nicht existieren.

Um diese Wahrheit kommt man nicht herum: Keine wie auch immer geartete Versammlung kann sich selbst vorsitzen, irgend jemand muß sie leiten, muß also schon dazu *delegiert* sein. Aber dazu muß die Versammlung bereits funktionieren: ein unausweichlicher Widerspruch in sich. Das gleiche gilt für die zu behandelnden Themen, die *Tagesordnung*, d.h. die Hierarchie, in der die zu treffenden Entscheidungen ange-ordnet werden, womit bereits eine Entscheidung über die Entscheidungen gefallen ist. Eine inhaltliche Diskussion kann nicht beginnen, solange nicht – als Grundgerüst – die Tages-ordnung festgelegt worden ist. Ganz zu schweigen von der Formulierung der Fragestellungen, die bei Volksbefragungen bekanntermaßen häufig über den Ausgang »entscheidet«. Ganz zu schweigen auch von der Reduzierung auf nur zwei Optionen, die aus den unzähligen, von den Bürgern für ein Thema vorgeschlagenen Lösungen schließlich zur Wahl ste-hen.

Auch in der radikalsten denkbaren Form direkter Demo-kratie entscheidet der Bürger nur über die Antwort. Wer aber entscheidet über die Frage? Wer stellt die Tagesordnung auf? Wer reduziert die zahllosen Hypothesen auf das letztend-liche Entweder/Oder? Wer sitzt der Versammlung vor? Und wer entscheidet über den, der über den entscheidet, der die Tagesordnung aufstellt? Es gibt keinen Ausweg. Ein erstes Element der Delegierung wohnt der Struktur jeder kollekti-ven Entscheidung selbst inne.

Nicht umsonst wurden in Athen viele Ämter im Losver-fahren oder durch automatische Rotation vergeben. Andern-falls hätte sich auf der *agorà* keine direkte Demokratie entfalten können. Heute würde dagegen niemand die Zuweisung von Ämtern durch Los, d. h. die Austauschbarkeit jedes Amtsinhabers, als demokratisch betrachten. Denn für uns ist der Bürger ein jeweils unterschiedenes, unverwechselbares Individuum, nicht durch andere beliebig ersetzbar – d. h. von vorneherein ununterschieden – im Schoße einer organischen Gemeinschaft. (Die Auslosung der Jury im angelsächsischen Recht steht dazu nicht im Widerspruch: Sie dient dem Despotismus des dominierenden homogenen Kollektivs. Nicht zufällig bedeutete sie im tiefen Süden der USA fast bis gestern für die »Neger« ein legales Surrogat der Lynchjustiz. Die Krise dieses Verfahrens ist offensichtlich).

Wenn die Versammlung dann von den Abhängen der Akropolis in die ungreifbaren Weiten des world wide web verlagert wird, wächst die Macht dessen, der über die Tagesordnung und die Formulierung der Fragen entscheidet, ins Unermeßliche, denn sie wird unsichtbar und unkontrollierbar. Hüten wir uns also davor, der neuesten Verlockung in die Falle zu gehen: Der Behauptung, daß das Internet die Verwirklichung einer Demokratie, wie sie unter Perikles geherrscht hat, im Weltmaßstab ermöglicht.

Kurz und gut: Die Demokratie ist ihrer Natur nach eindeutig *repräsentativ*. Um Entscheidungen zu treffen, kommt man um den Mechanismus der Delegierung nicht herum. Aber es geht um *unsere* Entscheidungen. Die Delegierung ist ein Werkzeug, um *unseren* Willen zum Ausdruck zu bringen. Unser aller Willen – und den jedes einzelnen, ohne Ausnahme. Die Vertretung muß, wenn sie funktionieren soll, dazu dienen, unseren Willen wirksam werden zu lassen. Andernfalls kehrt sie sich um und wird Beschlagnahme.

Die Gegenüberstellung von direkter und repräsentativer Demokratie ist – paradoxerweise und entgegen besten Vorsätzen – bis heute als Alibi benützt worden, um die strengen Pflichten der Repräsentation zu verschleiern und ihre Nichterfüllung zu rechtfertigen. Wenn die Delegierung als solche eine »Enteignung« bedeutet, ist es sinnlos, darüber zu diskutieren, wie breit der Graben ist, der sich zwischen dem Willen des Bürgers und dem des Abgeordneten auftut. Und darüber, ob es sich nur um eine bescheidene Abweichung handelt, um die Delegierung überhaupt praktikabel zu machen, oder vielmehr um einen Abgrund, der den Willen des Bürgers negiert und zunichte macht. Jede Verstümmelung, jeder Unterschied, egal ob technisch notwendig oder bloßer Parteilogik gehorchend, wurde auf dieselbe Ebene gehoben und von daher von vorneherein gerechtfertigt. Wenn man dagegen die Unausweichlichkeit der Repräsentation anerkennt, wird auch der eigentliche Gegensatz erkennbar: der zwischen Delegierung und Enteignung. Dieser Gegensatz baut sich schrittweise auf und ist daher leichter zu verschleiern.

Damit müssen wir uns also befassen: die Repräsentation beim Wort nehmen und die Manipulationen untersuchen, denen sie ausgesetzt ist, bis schließlich nur noch eine Fiktion übrigbleibt.

IV Repräsentation oder Parteienherrschaft?

19

Was passiert, wenn sich der Bürger in seinem Abgeordneten keineswegs mehr wiedererkennt? (Natürlich nicht nur der eine oder andere Bürger, sondern ein Großteil der Wähler angesichts der ganzen politischen »Klasse«). Wenn der Repräsentierte nicht mehr repräsentiert, sondern beiseite geschoben wird, abserviert und ausgeschlossen. Wenn die formale Demokratie (die einzig mögliche, wie wir gesehen haben) aufhört, den Bürger zu vertreten, sondern nur noch so tut. Auch wenn der Schein trügt: Die Repräsentation verblaßt durch winzige, ja kaum erkennbare schrittweise Verluste zur Fiktion. Der Prozeß ist kaum sichtbar, und der »Abgeordnete« kann sich noch als solcher ausgeben, obwohl er längst zum Oligarchen geworden ist und nur seine eigenen Interessen vertritt.

Wie kann man das feststellen? Indem man den Wähler selbst befragt. Ihn selbst, nicht seine Stimme. Es wäre reine Tautologie, darauf zu bestehen, daß derjenige, der wählt, allein durch die Tatsache der Wahl dadurch formal (und vollständig) repräsentiert ist. Die Krise entsteht genau in dem Augenblick, wenn der Wähler zwar noch zur Urne geht, sich aber nicht mehr vertreten fühlt. Nur eine Politologie, die den Kopf in den Sand steckt, kann auf die Idee kommen, das schizophrene Verhalten des Bürgers – zwischen Wahlbeteiligung und Abscheu über die Entfremdung (von demjenigen, den er gerade gewählt hat) – als eine bloße Laune oder als eine Frage der psychischen Verfassung zu »entdramatisieren«.

Die Politologie, die als Wissenschaft durch ihre armselige Apologetik längst abgedankt hat, ist sogar so weit gegangen zu behaupten, daß ein hoher Prozentsatz an Nichtwählern nicht einen allgemeinen Widerwillen gegen alle Kandidaten, sondern auch unbedingtes Vertrauen in das System ausdrükken kann. Demgegenüber erlauben wir uns, den Verdacht zu äußern, es sei gerade umgekehrt: daß der Wähler sich durch den, den er gerade auserkoren und ins Parlament abgeordnet hat, keineswegs vertreten fühlt.

Genau das passiert, und zwar immer öfter. Alle soziologischen Untersuchungen bestätigen diese Tatsache: systematische und wachsende Abneigung bis hin zu Verachtung und Verhöhnung der eigenen »Abgeordneten«. Parlamente und Parteien rangieren bei Umfragen über die Beliebtheit von »Institutionen« von den Carabinieri bis zu den Marienschwestern stets auf den letzten Plätzen. Sie werden als eine fremde, undurchdringliche Welt angesehen: »sie« im Gegensatz zu »wir«. Nichts von der Vertretung (wenn auch vereinfacht) des *eigenen* Willens des Wählers. Doch der Bürger, das darf nicht übersehen werden, empfindet dies nicht als Verrat an der Stimme, die er gerade abgegeben hat. Er hat sich von vorneherein damit abgefunden, daß sein Wille »enteignet« wird: durch Wahlversprechen, die, sobald die Stimmen ausgezählt sind, soviel Gültigkeit besitzen wie die Liebe der Lesbia: Sie sind in Wind und Wasser geschrieben*.

---

* Catull, Carmen LXX: »…sed mulier cupido quod dicit amanti / in vento et rapdia scribere opportet aqua.« (Doch was ein Weib dem Liebhaber sagte, / all das kann man sogleich schreiben in Wasser und Wind).

Der juristischen Legitimität steht somit keine soziale Legitimation mehr gegenüber, sondern die Aversion des »Vertretenen«, der sich trotz seiner Wahl nicht mehr als solcher fühlt. Im übrigen macht er immer seltener von seinem Wahlrecht Gebrauch. In Europa verzichtet ein Viertel bis ein Drittel der Wähler darauf, (»mit zugehaltener Nase«) das kleinere Übel zu wählen, in England und in den USA bleibt, wie wir gesehen haben, sogar mindestens die Hälfte der Wähler zu Hause. Eine kleine Minderheit (die sich vollkommen damit abgefunden hat, unmittelbar nach der Wahl enttäuscht zu werden) entscheidet im Namen aller. Das gegenwärtige System repräsentiert nicht mehr die Mehrheit. Immer öfter repräsentiert es nur sich selbst. Da unsere Demokratie auf Parteien basiert, ist das Rätsel nur dadurch zu lösen, daß man über die Parteien nachdenkt.

Also: Die Parteien sind für die Demokratie notwendig. Sie sind mit ihr *konsubstantiell.* Die Demokratie, in der allgemeines Wahlrecht herrscht, ist eine *organisierte* Demokratie. Ohne Parteien verwandelt sie sich zur plebiszitären Demokratie. Allein ein hoher, andauernder und differenzierter Organisationsgrad im ganzen Land erlaubt es, die anders nicht faßbare Zersplitterung von Millionen von Einzelwillen in wenige große Optionen zusammenzuführen und damit entscheidungsfähig zu machen. Parteien dienen darüber hinaus dazu, programmatische (und/oder ideologische) Entscheidungen sichtbar und dauerhaft zu machen, auch wenn die führenden Politiker, die sie im Parlament umsetzen müssen, wechseln. Nur eine starke organisatorische Präsenz kann im übrigen verhindern, daß sich (besser organisierte) Minderheiten bei knappen Abstimmungsergebnissen durchsetzen. Der Bedarf an organisatorischen und kommunikativen Ressourcen wird im Laufe der Zeit wachsen. Unver-

meidlich wird die Zahl der Funktionäre, der Führungs-
persönlichkeiten und Aktivisten, die zu *Berufspolitikern* werden, steigen. Wie bei Max Weber im doppelten Sinn: als
Berufung und Beruf. Sie leben für die Politik: Aber sie leben
auch *von* der Politik.

20

Eine Entwicklung, die zum Wesen der Repräsentanz gehört.
Bis zu einem gewissen Maß unvermeidlich. Aber *bis zu einem
gewissen Maß* eben nur und auf welche Weise? Der Berufspo-
litiker ist für die Demokratie nur notwendig als Funktion der
Souveränität des Bürgers: als *Werkzeug* seiner Autonomie.
An welchem Punkt verwandelt sich das Werkzeug in dessen
Benutzer und unterwirft sich den, der es »benutzen« sollte,
um ihn seinerseits zu benutzen?
    Sobald die funktionale Notwendigkeit – der Politiker von
Profession – als *allesdurchdringendes Monopol* das öffentliche
Leben beherrscht und jedes andere Subjekt daraus verdrängt.
Darauf basiert heute die real existierende Demokratie: Sie
wird von den Parteiapparaten monopolisiert, die ihrerseits
von den professionellen Stimmeneintreibern monopolisiert
sind. Diese Zunft bringt schließlich das gesamte politische
Leben in ihren ausschließlichen Besitz: Das heißt, sie schließt
den Bürger als solchen aus.
    Sobald der Berufspolitiker souverän den gesamten politi-
schen Raum besetzt hat, erfährt seine janusköpfige Physio-
gnomie (Berufung und Beruf, *für* und *von* Politik leben) eine
radikale Veränderung, bis schließlich die ideelle Seite (die
Berufung *für* die Politik) vollständig verschwindet. Politik
wird Beruf und nichts weiter. Ein Beruf wie jeder andere:
Manager oder Bauer, Ingenieur oder Rockstar. Der Politiker

wird demnach der Logik der Karriere folgen, die jede Profession im Rahmen der Zivilgesellschaft und ihrer privaten Geschäfte charakterisiert.

Infolgedessen verändert sich die Struktur und die Anthropologie dieser Figur (die dennoch in einer modernen Demokratie unverzichtbar bleibt) immer radikaler. Untersuchen wir die Phasen dieser Metamorphose im einzelnen.

Der Parteienpluralismus ist in Wirklichkeit ein Oligopol: Eine feststehende Aufteilung der Repräsentation, bei der zwar die Marktanteile wechseln, aber nicht die »Betriebe«, die darum im Wettbewerb stehen. Ein neuer Wettbewerber hat keine Chance (außer in marginalen Bereichen): nur in Ausnahmefällen, wenn die Institutionen in eine Krise geraten sind. Nicht zufällig wird in solchen Fällen die Verfassung tiefgreifend revidiert: bis vielleicht eine »neue Republik« dabei herauskommt.

Das Monopol der Kanalarbeiter (in *allen* Parteien) besiegelt die Übertragung der ganzen Macht – auf gesamtstaatlicher und lokaler Ebene – in die Hände derer, die *von* der Politik leben. Niemand anderes hat Zutritt zu den Schaltstellen der Politik, wenn er von Beruf Koch oder Facharbeiter, Werbeagent oder kritischer Philosoph ist: wenn er sich sein Brot weiterhin in der Zivilgesellschaft verdienen will und sich der Politik nur in seiner Freizeit widmen will.

»Alle Macht« bedeutet den nach außen wirksamen Einfluß auf die großen strategischen Weichenstellungen, vor allem aber die handfeste Verfügung über zahllose zu besetzende Stellen (wenn man an der Macht ist) und den Anspruch auf künftige (wenn man in der Opposition wartet). Stellen und Sitze, Ämter und Pfründen, in den Medien, der Kultur, dem Gesundheitswesen, dem Militär und der Polizei … »Bis hin zu den Briefträgern« ärgerte sich schon Max Weber mit seinem unbestechlichen Blick für die Realität. Und seitdem haben die Parteien gierig ihre Netze über alle Bereiche der Gesellschaft ausgeworfen.

Von wem hängt in diesen Unbilden der »cursus honorum« des Berufspolitikers ab? Wem gegenüber muß er für seine Karriere Rechenschaft ablegen? Dem Wähler gegenüber, wird einer der jüngsten Leser antworten. Natürlich nicht. Wenn der Bürger seine Stimme einem anderen gibt, »entläßt« er damit niemanden aus dem Universum der Käuflichkeit korporativer Politik, er verändert nur die Gewinnanteile zwischen der einen und der anderen Marke.

Dann also gegenüber dem Parteimitglied? Weniger denn je. Die legendäre »Parteibasis« ist längst wirklich nur noch Legende. Sie zählt überhaupt nicht mehr. Weniger als der Inhaber einer einzigen Aktie in einer »public company« jedenfalls. Das Parteimitglied kann im Unterschied zum Wähler nicht einmal die Partei wechseln. Innerhalb der Partei erfolgt die Auswahl der höheren Ämter durch Kooptation, die »freien« Parteitage sanktionieren nur noch a posteriori das abgekartete Spiel innerhalb der *machine*, die Kräfteverhältnisse, die sich innerhalb des Apparats herausgebildet haben (und häufig zwischen den einzelnen »Flügeln« einvernehmlich festgelegt worden sind). Das einzige, was das Parteimitglied noch tun kann, ist die Rückgabe seines Mitgliedsausweises, die »Desertion« des Parteisoldaten.

Doch selbst der indirekte Einfluß der Wähler und Parteimitglieder (durch die Wahl anderer Kandidaten, den Parteiaustritt) wird immer geringer, immer wirkungsloser. Die Zusammensetzung der Parteispitzen (und äußerst seltene »Entlassungen«) wird durch parteiinterne Manöver entschieden und durch die Beziehungen zu den gesellschaftlichen und wirtschaftlichen Machteliten, durch internationalen Druck, manchmal auch durch Umfragen gesteuert.

21

Solange in der Politik neue Subjekte Eingang finden konnten (und bei den Entscheidungen der Parteien die Basis noch zählte) mußte der Berufspolitiker einer doppelten Logik gehorchen und zwei »Herren« dienen: auf der einen Seite seiner Organisation mit ihrer Hierarchie (sich bei seinen Vorsitzenden beliebt machen), auf der anderen Seite dem Bürger, dem Parteimitglied oder dem Notabeln der Zivilgesellschaft (durch seine Fähigkeit, deren Interessen und Werte zu vertreten und ihren Konsens zu gewinnen). Doch das entscheidende Gewicht hatten die letzteren: Wenn der Apparat jemanden nicht hochkommen lassen wollte, konnte dieser sich immer an die Basis wenden oder eine neue Partei gründen. Die Stimmung der Basis deuten zu können, war das entscheidende Kriterium für eine Parteikarriere (darin lag höchstens ein größeres Risiko für Opportunismus: den Launen der einfachen Parteimitglieder gegenüber allzu nachgiebig zu sein).

Jetzt hingegen ist der politische Raum vollkommen in Beschlag genommen. Es gibt praktisch keinen politischen Wettstreit mehr, ein unbequemer neuer Konkurrent – Richtung oder Partei – entsteht unter normalen Bedingungen nicht mehr. Der Wähler hat keine Wahl, entweder dieser Einheitsbrei oder gar kein Einfluß auf die Politik. Der Kanalarbeiter muß nur die anderen Kanalarbeiter fürchten. Das Spiel findet gänzlich innerhalb der Bürokratie des Berufs statt; nur die Hierarchie der Organisation kann dich entlassen. Die Politik – die *Öffentlichkeit* – hat sich ins *Private* verkehrt. Auch die höheren Parteichargen können sich natürlich nicht in Sicherheit wiegen, Überraschungen bleiben nicht aus, aber sie vollziehen sich in der Form von betriebsinternen Kämpfen, akademischen Intrigen, Seilschaften und Kamarillen. Und auch wenn jemand unterliegt, ist er deshalb noch nicht aus dem Spiel (mit Ausnahme einiger Sündenböcke, die dann sogar einen gewissen Nimbus bekommen).

Wenn ein Berufspolitiker also vor die Wahl gestellt wird zwischen einem Sieg für seine Partei, der ihm seinen Job kosten würde, und dem Gegenteil, dann würde er immer das Gegenteil wählen: Die eigene Karriere zu sichern, bildet das vorrangige Interesse, das die Interessen, die der Politiker zu repräsentieren hat, in den Hintergrund treten läßt. Früher oder später ändern sich die Mehrheitsverhältnisse, auch in der Opposition hat man Macht und der Status des einzelnen Politikers ändert sich nicht sehr: vom Chauffeur bis zum Zutritt in Kreisen, die zählen. Daher haben wir es nicht mehr mit professionellen Volksvertretern zu tun, die jedenfalls weiterhin Werte und Interessen vertreten, die mit denen anderer in Konflikt stehen (die der jeweiligen *costituencies* und »Basen«). Die Szene ist längst von einem homogenen politischen *Stand* beherrscht, der durch gemeinsame und überwiegende korporative Interessen verbunden ist und ideologische und programmatische Differenzen hintanstellt.

Die Auseinandersetzungen nehmen natürlich deshalb nicht ab, aber sie geben immer weniger die wirklichen Konfliktmerkmale der Gesellschaft wieder. Der scheinbar heftige Antagonismus zwischen den Richtungen verliert sich angesichts der gemeinsamen Zielsetzung, das politische Leben *privat* zu verwalten. Die Politiker sprechen vom »Primat der Politik«, aber das ist nur eine schönfärberische Bezeichnung für Machtusurpation. Sie wollen sich das ausschließliche Entscheidungsrecht ohne jede Kontrolle durch Richter, Journalisten, Parteimitglieder oder Wähler sichern. *Bipartisan* ist das Zauberwort, mit dem dieser institutionalisierte Ausschluß der öffentlichen Meinung dem Wähler verkauft werden soll.

76

(Man braucht nur daran zu denken, daß mehr als ein Viertel der Amerikaner gegen Bushs Irakkrieg war, auch als er die höchsten Zustimmungsraten erreichte, aber diese Opposition fand weder im Senat noch im Kongreß eine »Vertretung«).

Die Notwendigkeit, sich zu organisieren, kann sich daher ins Gegenteil kehren. Das Werkzeug kann zum Träger und übermächtig werden. Nicht mehr Bürger entscheiden (durch ihren Abgeordneten), sondern »Untertanen« geben ihre Zustimmung zu Entscheidungen, die ihnen immer fremder, im wahrsten Sinn des Wortes *entfremdet* werden. Der Berufspolitiker hat sich vollständig von seinem Wähler emanzipiert. Inzwischen besteht die einzige Möglichkeit, diesem korporativen System eine Abfuhr zu erteilen, darin, keine Stimme abzugeben: So aber wird sie nicht einmal gezählt. Es war schon davon die Rede, daß die sinkende Wahlbeteiligung als bloßer Teilaspekt und die kaum merklichen Veränderungen die Tragweite des Phänomens verdunkeln. Denn es entwickelt sich nicht linear, nicht in einem geschlossenen System, sondern im Rahmen der gesellschaftlichen und internationalen Verhältnisse und reagiert äußerst empfindlich auf alle Verwerfungen in den Machtverhältnissen. Die Parteibasis und der Wähler können gelegentlich wieder auferstehen. Doch die allgemeine Tendenz ist unübersehbar. Glasklar.

Die Übermacht des Fernsehens als Mittel der Konsensbildung beeinträchtigt das Monopol der Berufspolitiker und ihr ins Gegenteil gekehrtes Verhältnis zu den Wahlbürgern keineswegs. Das Fernsehen verändert – allerdings tiefgreifend – die notwendigen »Tugenden«, die für diesen eigenartigen Beruf erforderlich sind (denn die Politiker haben oft nichts anderes »gelernt«). Die Stimmen gewinnt man heute nicht mehr von Tür zu Tür, mittels einer weit verzweigten Mitgliederorganisation, sondern durch die Besetzung der Fernsehlandschaft, die alle Haushalte gleichschaltet und kolonisiert. Masken- und Kostümbildner, Marketing- und Imageberater sind an die Stelle der Wahlhelfer getreten. Die im Fernsehen aufwendig in Szene gesetzte argumentative Leere macht jede andere Form der Kommunikation zunichte, so stichhaltig und gut begründet sie auch sein mag. Für den Bürger (der keinen Zugang zu der magischen Röhre hat) ist das Monopol des Politikers um so unangreifbarer. Die qualitativen Parameter dagegen nehmen rapide ab: Sie stürzen tiefer als in den Keller, manchmal bis ins Bodenlose.

22

Der Einwand gegen diese Argumente lautet: Das viel beschworene Monopol, das angeblich die Repräsentation zerstört, ist nichts Neues. Schon Max Weber hatte es in allen Details analysiert, und seine Beschreibung ist bis heute von erstaunlicher Aktualität. Weber kam jedoch zu der Schlußfolgerung, daß in dem jungen Berufsstand trotz seiner Monopolstellung der Idealismus weiterhin neben dem neuen korporativen Interesse weiterbestehe und daß die Leidenschaft für die Politik gegenüber dem »von der Politik leben« die Oberhand behielte.

Unbestreitbar. Bis vor nicht allzu langer Zeit machte die Eroberung des theoretisch formulierten und angekündigten *autòs-nómos* tatsächlich Fortschritte. Vom allgemeinen Wahlrecht blieben die »unteren Klassen« lange Zeit ausgeschlossen und noch länger die »Hälfte des Himmels«. Um den Preis von Blut und Tränen wurden gewerkschaftliche Rechte erkämpft, Repressionen gegen Arbeiter und Gegner der Kolonialpolitik zurückgeschlagen, ein Platz im Autobus und das

Stimmrecht für »Schwarze« in Alabama erobert. Doch wenn die Fata Morgana des »souveränen Volkes« beinahe Wirklichkeit zu werden schien, sorgten Junker und Braunhemden, Großgrundbesitzer und Schwarzhemden, »los quatros generales que se han levados«, Hakenkreuzfahnen auf den Champs Elysées, die Unterstützung Kissingers für Pinochet und die Folterschule in Columbus (Georgia) dafür, daß die Realität sich im Traum verflüchtigt: unter den Knüppeln einer neuen Heteronomie der Unterdrückung.

Kurz und gut: Der Einsatz für die Demokratie blieb Kampf und Gefahr (sogar Lebensgefahr) auch für den Politiker, der die Massenparteien beherrschte. Solange bei der Auswahl der führenden Parteipolitiker die Möglichkeit eines heroischen Einsatzes für die Demokratie noch im Hintergrund stand, mußte das ideelle Moment der Berufung für die Politik bei den Berufspolitikern noch vorhanden sein. Wahrscheinlich blieb es sogar überwiegend.

Daraus ergab sich ein zyklisches Auf und Ab von Hoffnung und Enttäuschung, von »Vertretung« und »Enteignung«, von kampferprobten und gesellschaftlich angesehenen Parteiführern und Apparaten, die das Erbe an Begeisterung, Leidenschaft und Kompetenz in Routine erstickten. Camus warnte in der Resistance-Zeitung »Combat« schon 1945 (am 27. Juni) davor: »Unsere einzige Hoffnung besteht darin, daß gute Gesetze für eine ausreichend lange Zeit die Rückkehr derer an die Macht verhindern können, die alles daran gesetzt haben, die Worte Abgeordneter und Regierung der Lächerlichkeit preiszugeben.« Wie es – in ganz Europa – weitergegangen ist, wissen wir nur allzu gut. In jüngerer Vergangenheit hat sich das gleiche während der Nelkenrevolution in Portugal abgespielt. Vielleicht gibt es eine solche Entwicklung noch heute irgendwo (im Iran der Nach-Khomeini-Zeit würde man gern darauf hoffen). Ganz zu schweigen von den »Volksdemokratien« und den heroischen Tagen des Widerstands gegen die Mächtigen – vom Prager Hradschin bis zu den Danziger Werften – , die allzu schnell abgelöst wurden vom bleischweren Gang alter und neuer Nomenklaturen, von wieder aufbereiteten Vertretern der alten Regime oder stummen Konformisten, von »Fachleuten«, die heute die Dissidenten von gestern als Moralisten, Dilettanten, Träumer (oder sogar als ehemalige Kommunisten!) aus der Politik vertreiben.

Dieser zyklische Wechsel von korporativer Beschlagnahme der Politik und Öffnung der Oligarchien gegenüber dem Bürger kommt in dem Moment zum Erliegen, in dem die Partei des *autòs-nómos* keine erklärten Feinde und keine institutionellen Hindernisse mehr hat und zumindest in der ehemaligen Ersten und Zweiten Welt unangefochten zu herrschen scheint. Das Verhältnis von Souveränität und Repräsentanz verkehrt sich ohne das Korrektiv einer dauernden Bedrohung, die »Heroismus« erfordern würde, unaufhaltsam und dauerhaft ins Gegenteil. Der Fall der Mauer macht außerdem das Alibi zunichte: das letzte hervorragende Instrument, mit dem der Westen vor sich selbst (und vor seinen Bürgern) die Enteignung der Souveränität durch das Monopol der Parteiapparate verheimlichen konnte.

An diesem Punkt wird die Trennung zwischen Bürgern und Berufspolitikern zu einem strukturellen Element der real existierenden Demokratien, in dem vor allem aus diesem Grund die Demokratie verschwindet. Katastrophale Ereignisse könnten die Karten wieder neu mischen und den Abgrund natürlich wieder verringern. Sie sind jedoch alles andere als wünschenswert, denn ihr Ausgang könnte – statt einer neuen Generation von Politikern, die sich durch »Heroismus«

und uneigennützige politische Leidenschaft auszeichnen – Tragödien à la Weimar hervorbringen, wenn auch in einer bisher unbekannten Soft-Version (einige alarmierende Anzeichen dafür lassen sich auf beiden Seiten des Atlantik bereits ausmachen).

Wir können also schlußfolgern: Die repräsentative Demokratie ist notwendig eine Parteiendemokratie, aber die Monopolisierung des politischen Lebens durch die Parteien *höhlt* die repräsentative Demokratie *aus*. Macht sie zu einem Popanz. An diesem Punkt unserer labyrinthischen Suche nach der Lösung dieser Antinomie in der Entwicklung der Parteien bleibt der Weg rätselhaft und unvorhersehbar. Ob der Demokratie das Schicksal des Minotaurus zuteil wird, das Glück des Daedalus oder das Unglück des Ikarus? Der Ausgang wird nicht zuletzt von jedem einzelnen von uns abhängen.

V Die Abenteuer der Identität

23

Strukturell wurde das gerade beschriebene Phänomen durch die Mutation der Beziehung zwischen dem Individuum (dieser unverwechselbaren Existenz, die jeder von uns sein können muß) und den gesellschaftlichen und ideologischen Horizonten, zu denen das Individuum gehört: die kollektiven Identitäten. Ein weiteres Stück des Labyrinths, durch das wir unseren Weg finden müssen.

Noch vor einigen Generationen (ja vor einigen Jahrzehnten) war es ganz einfach, die wenigen Kategorien aufzuzählen, durch die sich jeder einzelne in eine erschöpfende Taxonomie des In-der-Gesellschaft-Seins stellen ließ. Der Begriff der Klasse ordnete den Arbeiter, den Bauern, den kleinen Handwerker in einen präzisen Rahmen ein. Man gehörte zur Mittelschicht der Freiberufler oder zur Großbourgeoisie der Unternehmens- oder Finanzwelt. Ideologisch stand dem Kommunismus der Liberalismus gegenüber, mit dem entsprechenden *Andante (moderato)*: der »humanistische« Sozialist und der »aufgeklärte« Bürgerliche. Ein hierarchisches Verständnis von Religion (ad usum delphini: der Regierungspolitik) erzwang häufig eine Scheidelinie zwischen klerikalem Konservativismus und laizistischem Fortschrittsglauben.

Schon damals eine sehr schematische Beschreibung, die aber in groben Linien funktionierte. Für die großen Zahlen, die in der Politik entscheidend sind, gab sie die Realität ausreichend wieder. Wenn man vom Kriterium der Klasse oder des Einkommens zur Ideologie (oder der ethisch-religiösen Haltung) überging, ergab sich auf der Links-Rechts-Achse der politischen Geometrie zwar keine exakte Übereinstimmung, aber einige wenige Variablen – die sich ohne Schwierigkeiten miteinander verbinden ließen – führten zu Identitäten, die in der Nachkriegszeit weitgehend stabil blieben, auch wenn das jeweilige Gewicht gegenüber den anderen und dem Ganzen sich veränderte (von der Landwirtschaft zur Industrie und zum Dienstleistungssektor: vor dem Hintergrund der Säkularisierung und eines um sich greifenden Materialismus im Verhalten). Kohärente, erkennbare, vor allem aber (fast immer) bewußt als *eigene gelebte* Identitäten: existentiell, Tag für Tag.

Die Parteien mußten dieser Tatsache Rechnung tragen. Darüber hinaus waren die Identitäten sehr häufig fest organisiert: Gewerkschaften, Bauernverbände, Arbeitgeberverbände, kirchliche Organisationen, Vereine, Lions und Rotary. Diesen Vereinigungen gegenüber war der Abgeordnete nicht »frei«. Wenn er gewählt werden wollte, mußte er ihre Interessen und Werte als Teil der Gesamtwählerschaft berücksichtigen. Häufig bildeten diese Vereinigungen nicht nur einen Filter, sondern auch ein Übungsfeld für politische Karrieren. Aus ihren Reihen gingen Abgeordnete hervor und erhielten Rückendeckung, aber in einem doppelten Sinn: Die gesellschaftlichen Organisationen garantierten Wählerstimmen, übten aber auch Kontrolle aus.

Man beachte: Diese Massenidentitäten waren nicht korporativistisch abgeschottet, sondern Übungsfelder einer partiellen Universalität, wo das politische Ganze vermittelt werden sollte. Die entsprechenden Vereinigungen erwarteten nicht im geringsten, ihre partikularen Interessen *direkt* durchzusetzen: Sie betrachteten sich statt dessen dazu ver-

84

pflichtet, sie mit einem am allgemeinen Interesse, am Gemeinwohl orientierten Programm kompatibel zu machen. Dabei
war natürlich eine Menge Heuchelei im Spiel: Aber mehr denn
je bestätigte sich in diesem Fall die alte Weisheit, daß die
Heuchelei der Zoll ist, den das Laster der Tugend zu entrich-
ten hat.

Und tatsächlich: Trotz der pyramidenförmigen Strukturen, der kirchlichen Hierarchien und der bürokratischen
Zentralismen war das Ergebnis dieser Dialektik ermutigend:
Über die identitätsstiftenden Massenorganisationen hinaus
herrschte auch in den Parteien nicht nur die Passivität der bloßen Delegierung, sondern durchaus aktive Partizipation.
Auch das Parteimitglied – der Freizeitpolitiker – und nicht
nur der politische Funktionär der Führungsebene – der Berufspolitiker – hatte ein Gewicht. Subaltern vielleicht, aber
nicht zu übergehen.

24

Heute nicht mehr. Heute ist die Identität jedes Individuums
ein Mosaik. Zudem ungefestigt: in beständiger und ruheloser
Gestaltung. Eher ein Kaleidoskop als ein Mosaik. Ein und dieselbe Person kann »sich ausleben« – sich individualisieren –
als Arbeiter und Baske (Katalane, Bretone, Sizilianer, »Pada-
nier«), gleichzeitig als Homosexueller und vielleicht Zeuge
Jehovas (oder einfacher Jude, Protestant oder konservativer
Katholik) und auch als Umweltschützer: vor allem aber als
Frau. Denn tatsächlich kann das Individuum all das in sich
vereinen (das gab es auch vorher), aber ohne daß eine dieser
Identitäten »strukturell« seine Existenz beherrscht. Nicht
nur das: Da die Freizeit im Leben jedes einzelnen immer mehr

Raum einnimmt, zählt es vielleicht mehr, Vegetarier oder Fußballfan, Hard-Rock-Freak, hingebungsvoller Tierschützer, Mozart- oder Verdi-Liebhaber oder Kettenraucher zu sein... Die Liste ließe sich beliebig verlängern. Jedes dieser Elemente kann dem anderen widersprechen, und es lassen sich keine homogenen Familien bilden. Im Gegenteil. Man kann Vegetarier und Raucher sein, Tiere ablehnen, weil sie Krach machen, und gleichzeitig für unbeschränkte Dezibel-Zahl bei den sommerlichen Open-Air-Festivals plädieren.

Jeder Mensch ist (mit geringer Übertreibung) ein Chaos: Ununterbrochen kann jeder den ständig wechselnden Cocktail seiner selbst gewählten Identitäten in Zusammenstellung und Dosierung verändern und sich dabei nach Belieben im Discount der Werte und im Supermarkt der Zugehörigkeiten bedienen. Kollektive Identitäten sind dagegen ihrem Wesen nach stabil. Deshalb befinden sie sich heute auch in Auflösung: Keine vermag auch nur im mindesten die dermaßen zersplitterte, zerrissene, ungreifbare und ständig wechselnde Identität der Individuen erschöpfend zu umfassen.

Daraus erwächst für den Berufspolitiker eine Komplikation, die allerdings einen neuen Vorteil mit sich bringt. Die Strukturen, die große Mengen von Wählerstimmen kanalisieren und zur Verfügung stellen, sind im Verschwinden: Der Konsens muß ohne ihre Vermittlung, Stimme für Stimme (oder durch die Videokratie, Million für Million) erobert werden. Demgegenüber hat der Berufspolitiker nun den Vorteil, daß er durch das Verschwinden der Massenidentitäten weniger konditioniert ist. Er wird viel freier: Den Parteien steht der isolierte Wähler gegenüber, die atomisierte Masse unzähliger Nicht-Identitäten, allesamt in sich widersprüchlich und fluktuierend. Innerhalb des inhomogenen und instabilen Aggregatzustands, der ein und dasselbe

Individuum charakterisiert, kann jede politische Entscheidung zugleich für Zufriedenheit und Unzufriedenheit sorgen. Die Wirkungen drohen sich gegenseitig aufzuheben.

Die Parteien können es sich erlauben, sich nur noch auf sich selbst zu beziehen. Ihre jetzt »freieren« Nomenklaturen gewähren sich einen Überschuß an Arroganz. Dazu kommen die – kumulativen und synergetischen – Wirkungen der wachsenden Kosten der Politik und des unter den großen Parteien aufgeteilten Zugangs zum Fernsehen: Die Schwelle des Eintritts in die Politik wird für »kritische« Subjekte unüberwindbar hoch und riegelt das Bestehende ab: um den Preis, daß die Zahl der Unzufriedenen ständig wächst. Die Abscheu der Bürger nimmt zu, und der *circulus vitiosus*, der »sie« dem »wir« entgegenstellt, verwandelt sich in eine sich immer weiter öffnende Spirale. Die »Schizophrenie« derer, die »faute de mieux« die Politiker wählen und sie gleichzeitig verachten, hat nichts Mysteriöses.

Wenn sie keine neue Konkurrenten mehr zu befürchten haben, steht den Parteien kein Hindernis mehr entgegen, ganz dem Trieb zur Macht um der Macht willen nachzugeben: jeder Programmatik gegenüber gleichgültig. Angesichts der bunten Vielfalt (von Wertvorstellungen und Interessen), die längst jedes einzelne Individuum definiert, üben Programme keinerlei Anziehungskraft mehr aus, so daß es realistischer wird, auf Träume zu setzen, auf vage, aber suggestive Slogans, die getränkt sind von mächtigen Vorurteilen und tiefen Ängsten. Lieber hechelt man der aufgeregten, widersprüchlichen Wandlung einer manipulierten »öffentlichen« Meinung hinterher, bei der das historische Gedächtnis auf den Zeitraum eines Monats, einer Woche oder eines Vormittags zusammengeschrumpft ist. Dieser (aufgezwungenen) Meinung verspricht man das, was sie im Augenblick wünscht. Man folgt den Umfragen. Man nutzt Ankündigungen als Effekte. Man setzt auf *Show*.

Die politische Bühne ist längst leer: Politik als Privatsache, Politik als Lüge, Politik als Show, Politik als Geschäft und kriminelle Vereinigung, Politik als Medienbeherrschung sind nur verschiedene Gesichter der gestohlenen Politik. Doch das Verschwinden der politischen Bühne kann als geringfügiger Verlust erscheinen, solange die Sphäre des privaten Genusses gewährleistet ist. Wir sind vierundzwanzig Stunden am Tag Individuen und nur einmal alle vier Jahre Staatsbürger, heißt es. Gönnen wir uns im Privaten die Freude und den Reichtum des Individuum-Seins. Einverstanden. Leider aber ist das eine Illusion.

Und zwar unabweisbar. Wir haben gesehen, daß das öffentliche Leben *privatisiert* wird. In mehrfacher Hinsicht. Der Staatsbürger ist nur noch Privatmann, denn er erlitt eine Privation: Ihm wurde die Demokratie entrissen und er wurde auf die Sphäre des Privaten innerhalb der Zivilgesellschaft zurückgeworfen (Produktion, Konsum, Freizeit). Entsprechend aber wird für den Politiker, der sie sich angeeignet hat, die Sphäre des Öffentlichen ebenfalls ein Beruf wie jeder andere, wie jede beliebige Aktivität, die die Zivilgesellschaft im Bereich unternehmerischer oder abhängiger Arbeit, »freier« Berufe und des *Geschäftslebens* charakterisiert.

Für beide Seiten verschwindet die Möglichkeit, Individuum zu sein. Ganz im Ernst.

25

Individualität gilt nämlich als Differenz, als Unverkürzbarkeit, als unverwechselbare Existenz. Man ist um so mehr Individuum, je mehr das Leben sich dieser Bedingung annähert. Doch in der privaten Sphäre der Produktion und des Austauschs (und der Freizeit) ist nicht autonome Macht erfahrbar, sondern nur Erfolg. Der kann zwar befriedigend sein, hat aber nichts mit Freiheit zu tun. In der Ausübung jedweden Berufs müssen wir nämlich der Heteronomie der Technik und den Beschränkungen gehorchen, die sie uns gerade mit Blick auf den Erfolg auferlegt. Ein Manager ist besser als ein anderer, nicht etwa weil sein Entscheidungsspielraum größer ist, sondern weil er effektiver demselben (von einem *heteros* aufgezwungenen) Imperativ gehorcht, die Profite zu steigern, die Kosten zu senken usw. Seine »Kreativität« ist eine Form besseren *Gehorsams*, die Befriedigung und sehr gute Bezahlung verschafft. Eine chirurgische Operation muß wiederholbar sein: Niemand von uns würde sich der Unberechenbarkeit eines kreativ gebrauchten Skalpells anvertrauen, das sich nicht dem Diktat der fortgeschrittensten Technik unterwirft.

Im »Tun« der Zivilgesellschaft und ihrer Berufe (auch den freiesten und denen, in denen der Erfolg des einzelnen eine große Rolle spielt) bleibt man immer »der Sache selbst« unterworfen. Und der Erfolg mag nicht nur befriedigend sein, sondern auch »Macht« bedeuten im Sinne von Einfluß auf andere, von denen man untertäniges Lob empfängt. Nie aber *Macht* im Sinne von Autonomie, das heißt Freiheit. Darüber beklagen sich im übrigen auch die Prominenten aller Richtungen: Sie seien »Sklaven« des Erfolgs, müßten tun, was

man von ihnen erwarte, denn die Erwartungen der gesellschaftlichen »Durchschnittlichkeit« – das saturierende un-
persönliche »Man«, von dem »Sein und Zeit« spricht – zwingen sich mit der gleichen Unausweichlichkeit auf wie die
Technik.

Die Kunst erreicht als einzige private Aktivität den Status
der Unverwechselbarkeit. Auch wissenschaftliche Entdeckun-
gen, auch Erfindungen eröffnen zwar bisher unbekannte
Möglichkeiten, sie gehorchen aber immer der »Natur«. Vor
Alessandro Volta war die Elektrizität unbekannt, seither können wir sie auf unzählige Arten nutzen, von den Wundern
des »son et lumière« bis zur Hinrichtung von Sacco und Vanzetti, immer aber ihren Gesetzen gehorchend.

Das Private ist mithin nie individuell, sondern Wiederho-
lung eines Prototyps (sogar bei herausragenden Leistungen
und ruhmreichen Taten). Das gilt auch für das eigenartige
Private, nämlich die Berufspolitik, die längst der Logik bloßer Professionalität gehorcht: Sich in möglichst wirksamer
Weise der *téchne* der eigenen privaten Aufgabe beugen: in diesem Fall den immer mehr gleichgeschalteten und alles beherr-
schenden Methoden der Konsenssicherung und der Macht-
spiele innerhalb der Apparate. Individuum kann also nur der
Staatsbürger sein: als öffentlicher Mensch. Nur in der kollektiven Dimension der Politik, die der Symmetrie des Gemein-
sam-für-die-Entscheidung-Handelns zurückgegeben ist und
sich in der politischen Aktion realisiert, haben wir es mit
dem Sein-Sollen zu tun, das von uns selbst ausgeht: Normen,
Institutionen und Kampfformen. Sie gehorchen keiner »Realität« des Seins, müssen sich nicht der »Sache selbst« anpas-
sen. Sie sind wahrer und eigentlicher schöpferischer Akt.

Trotz des entgegengesetzten Augenscheins kann sich demnach einzig in der Politik jeder einzelne als *Individuum* er-

fahren. Der um sich greifende Aberglaube, der das Gegenteil behauptet, ist lediglich Reflex der Deformationen einer zirzensischen Politik, die keineswegs mehr Öffentlichkeit ist, sondern ihr entzogen und den Niedergang der Demokratie anzeigt. Die einzige authentische Individualität ist somit die politische Gemeinsamkeit in der Brüderlichkeit von Freiheit und Gleichheit. Das jedem einzelnen durch sein Dissident-Sein garantierte *chez soi* in der Symmetrie und der Teilhabe am politischen Handeln.

26

Doch man kann nicht ohne Identität leben. Wo der Bürger verschwindet, bilden sich Ersatzidentitäten. Flucht-Identitäten, die sich auf Zugehörigkeit gründen. Doch der Bürger ist nur frei, wenn er sich von anderen Zugehörigkeiten befreit, wenn er jede vorpolitische Identität als seiner Existenz als *citoyen* vor- und untergeordnet annehmen kann. Dieser *citoyen* existiert nur als *Abstraktum* (und ist nur deshalb frei). Die Staatsbürgerschaft ist die einzige »Zugehörigkeit« der Demokratie: innerhalb ihres Horizonts kann jeder gegenüber jedem anderen Dissident bleiben. Die persönliche Identität realisiert sich nur als autonomes Projekt, als Emanzipation von überkommenen Konditionierungen. Zugehörigkeit zerstört die individuellen Unterschiede durch die Unterordnung unter Werte und Hierarchien der Gruppe. Entfremdung jedes Einzelwillens im Rausch des Gemeinschaftsgefühls. *Konformismus*. Denn das Individuum formt sich im wahrsten Sinne des Wortes nach dem Modell der Gruppe, in der jeder einzelne die Heteronomie eines anonymen Bildes wiederholt und ihm gehorcht. Wo der Dissens als Verrat gilt und mit Verstoßung bezahlt wird.

Mit den zusammengewürfelten Identitäten scheinen dagegen die Bedingungen für die Annäherung an das Ideal des *citoyen* in greifbare Nähe gerückt. Keine Collage ähnelt der anderen, jede wird jenes exklusive (unwiederholbare!) Aggregat von Identitätsfragmenten. Daraus wird jedoch niemals ein Individuum. Sich im Pret-à-porter der Konformismen zu bedienen, Einzelteile zusammenzustückeln und sie je nach dem Wandel der Moden unterschiedlich zusammenzusetzen, ist etwas ganz anderes, als sich kritisch zu verhalten und autonom zu entscheiden.

Genauer: In dieser vollkommenen chaotischen Atomisierung der Identität, der Untertänigkeiten, die sich summieren, statt der Freiheiten, die sich vervielfältigen und vereinen, wird der Konformismus das einzig Verbindende: die Integration der Konformismen unter die Kategorie des Erfolgs. Man fängt schon als Kind an: Gruppenzwang des Konsums und Zugehörigkeit zu einem Modelabel.

Die heutige Zeit scheint gekennzeichnet durch eine babylonische Explosion von Forderungen, die auf Identität zielen. Versuchen wir also Ordnung in das Gewirr von Paradoxen zu bringen, als das die *Frage der Identität* erscheint.

Jude, Schwarzer, Frau, Homosexueller: Identitäten, die historisch unterdrückt waren. Umweltschützer, Tierfreund, Vegetarier: Identitäten, die sich Gehör verschaffen wollen. In Zukunft wird sich die Liste verlängern. Sie entstehen als (sexuelle, ethnische, religiöse, lebensreformerische …) Minderheiten, die um ihre Emanzipation kämpfen und endlich ein Recht auf Anerkennung verlangen. Die Leidensgeschichte, die jede dieser Gruppen hinter sich hat, verleiht ihnen moralische Legitimation. Die politische Rhetorik, die diese nur benutzt, hat sie jedoch zu Tabus verarmen lassen. Allerdings umfaßt heute keine Identität ein einziges reales Individuum, denn kein Individuum gehört – mehr als nur zum Teil (oder nur auf Zeit) – einer dieser Gruppen an. Vom Standpunkt der realen Individuen aus gesehen, handelt es sich also um ungreifbare Identitäten, die weniger denn je darstellbar sind.

Die Identitäten sind künstlich, ihre Konstruktion wird von Mal zu Mal *entschieden* durch eine (aus der realen chaotischen Vielfalt herausgefischte) Komponente, die sie definiert. In ein und derselben Person tritt heute das Frau-Sein, morgen die Zugehörigkeit zum Islam, übermorgen vielleicht der Einsatz für den Umweltschutz in den Vordergrund: Identitäten, die vorübergehend als erschöpfend erscheinen, aber nur als ideologische Fiktion, denn die *Existenz* jedes einzelnen bleibt ein Patchwork. Diese Identitäten sperren sich im Gegensatz zu denen von Gestern (die nur zwei oder drei Stichwörter umfaßten und längst ausgestorben sind) gegen Vermittlung: Sie haben in erster Linie die *Intention,* das elementare Bedürfnis nach »Gruppenbildung« zu befriedigen. Man sucht die Identität wie früher Seelenverwandtschaft: um Leere, Angst und Einsamkeit abzuwenden. Eine Leerstelle zu füllen: den von der negierten Existenz als Bürger *versprochenen* Sinn. Nichts Geringeres als Brüderlichkeit in Freiheit und Gleichheit: in der Verfassung beschworen – und verweigert. Die fragmentarischen Identitäten fordern deshalb *unmittelbare* Anerkennung in zweifacher Hinsicht: ohne politische Vermittlung, aber auch »hier und jetzt«. Jeder Augenblick ist für sie unverzichtbarer *kairós.* Der Radikalismus des Alles-und-sofort gehört zu ihrem Wesen.

Früher lautete die allgemein akzeptierte Regel der Politik: Um die politische Bühne zu betreten, muß man alle privaten Besonderheiten ablegen. Heute dagegen verlangt jedermann gerade aufgrund seiner privaten (wenn auch fiktiven Gruppen-) Identität Zutritt, da das politische Leben von den Berufspolitikern privatisiert worden ist. Ohne die spezifischen Ansprüche in die allgemein verständliche Sprache des allgemeinen Interesses übersetzen zu müssen. Identität heißt heute also lediglich, *Ansprüche* zu stellen.

Ansprüche und *Unverantwortlichkeit*. Nicht zu Unrecht. Denn die Forderungen sind, das dürfen wir nicht vergessen, die Antwort auf die Privatisierung der politischen Sphäre in den Händen der Berufspolitiker. Wenn ich meiner politischen Macht und meiner demokratischen Grundrechte beraubt bin, warum sollte ich dann meine Bedürfnisse mit einem »Allgemeinwohl« in Einklang bringen? Warum nicht einfach Rechte und Privilegien für meine partikulare Identität herausschinden? Und das um so nachdrücklicher, als ich mich morgen vielleicht selbst nicht mehr darin wiedererkenne? Die Forderung des Gruppenkonformismus lautet nämlich: ohne Macht keine Verantwortlichkeit. Diese postmoderne Formel steht in vollkommenem Einklang mit der Losung »No taxation without representation«, die die Ära unserer delegierten Demokratie eingeläutet hat.

Diese Identitäten sind schließlich unkritisch. Sie besitzen nur Wert, soweit sie Anerkennung verschaffen: Auf dem paradoxen Weg der Emanzipation durch freiwillige Versklavung (in der Gruppe) versuchen sie den Durchbruch auf dem Bildschirm zu schaffen (d.h. ein »Thema« zu werden). Daß ihre Forderungen analytischer Prüfung nicht standhalten, spielt dabei keine Rolle. In der von den Apparaten beschlagnahmten Politik ist eine rationale Argumentation längst nur hinderlich. Und das Schönste: Der Gruppenkonformismus, der sich als unterdrückte Identität präsentiert, kann sogar den Dissens annektieren, so daß Freiheit zur *political correctness* verkümmert.

27

Der Triumph der identitätsstiftenden Demagogie konstituiert somit keineswegs die Entfaltung einer Demokratie von Individuen. Ganz im Gegenteil. Diese Radikalität unverantwortlicher Forderungen bedeutet vielmehr eine verheerende *Entpolitisierung* der Politik. Gerade weil sie sich auf den Trümmern der Individuen abspielt. Wie wir nämlich festgestellt haben, negiert jede Minderheit/Identität/Zugehörigkeit das Individuum im Gruppenkonformismus. Die heuchlerische Willfährigkeit gegenüber Minderheiten ist deshalb bloß der Obolus, den die Berufspolitik zu zahlen hat, um den – von ihr verschuldeten – Niedergang der politischen Macht-Teil-Habe aller tatsächlichen und nicht mehr aufspaltbaren Minderheiten, nämlich der Individuen-in-der-Gesellschaft, zu vertuschen. Die »Demokratie« der Zugehörigkeiten ist nur die Kehrseite der oligarchischen Parteienherrschaft.

Sie hat deshalb nichts gemein mit einer angeblichen, aber nirgends auffindbaren Demokratie der Individuen. Diese ist doppelt aus dem politischen Leben getilgt: Zum einen, weil die allgemeine Souveränität Privateigentum der Berufspolitiker geworden ist, und zum anderen, weil politische Forderungen nur über die Identifikation mit Minderheiten durchzusetzen sind, in denen die unverwechselbare Existenz des Individuums im Konformismus des hierarchisch-organischen Gruppengehorsams vernichtet ist.

Gegenüber diesen kollektiven Identitäten kann der Politiker zwischen zwei Möglichkeiten wählen: Entweder eine Reverenz, die gleiche Würde, gleiche Sichtbarkeit und sogar gleiche soziale Rechte verspricht (und manchmal sogar fördert). Schwarze, Juden, Frauen, Homosexuelle, Umweltschützer, Vegetarier und Tierfreunde: Um ihre Stimmen zu bekommen, ist man sogar bereit, die gegen sie gerichteten Vorurteile zu bekämpfen. Wir haben jedoch gesehen, daß diese Identitäten innerlich hohl sind. Der Politiker kann deshalb, um sein Wählerpotential zu vergrößern, auch den umgekehrten Weg einschlagen: Statt Minderheiten für sich zu gewinnen, in denen ihre Mitglieder nur einen Teil ihrer Existenz wiedererkennen, kann er auf die stärksten und zähesten Vorurteile der Mehrheiten setzen, an denen wir alle irgendwie festhalten. Erforschen wir auch nur flüchtig die Tiefen unserer Seele: Die Empörung über die Erniedrigung, die wir als Minderheit erfahren, überwiegt oft nicht das Vergnügen, die noch Schwächeren gedemütigt zu sehen: ein Vergnügen, das uns die Arroganz der Mehrheit beschert.

Wenn die eine Haltung dem Konformismus der *political correctness* huldigt, dann pflegt die zweite den *Konformismus tout court*, hinterwäldlerisch und bigott, reaktionär und von gestern. Moralisch sind beide Haltungen keineswegs gleich zu bewerten (denn die erste hat durchaus ihre Verdienste). Welche der Strategien bei den Wählern erfolgreicher ist, hängt von den jeweiligen Umständen ab. Sie sind einmal für das eine, dann für das andere günstig oder überlagern sich: Sinnlos, nur die gegenwärtigen Verhältnisse zu analysieren, als ob sie einen historischen Trend bilden würden.

Fassen wir zusammen: In den vordemokratischen (und vormodernen) Staatsformen ist die politischen Sphäre erklärtermaßen privat und patrimonial. Die Macht *gehört* wie Grund und Boden oder Gold einigen wenigen. Die Freiheiten werden von denen, die darüber verfügen, gewährt, und es ist durchaus legitim, mit Richterstühlen Handel zu treiben. Wenn die öffentliche Sphäre wiederum ins Private abzuleiten droht, gerät die Demokratie in Gefahr: Es droht sogar ein Rückfall ins Mittelalter.

VI Die Bewegungen als Hoffnung

28

Durch das Verschwinden der Demokratie in der Parteienherrschaft droht ständig eine Katastrophe. Die *kratía* des *dêmos* ist, wie wir wissen, von Harakiri-Phantasien geplagt. Sie
stützt sich nur auf sich selbst: Wenn sie Gesetze gegen das
Individuum als Dissidenten beschließt und die Chancengleichheit aller hinsichtlich *bíos*, Wohnen, Kultur, Information und Wahlrecht einschränkt, unterminiert sie die
Fundamente des Mehrheitsprinzips (der konkreten, un-
wechselbaren Existenzen, die es ausmachen) – das konstitu-
ierende *autós* des *nómos*.

Das Verschwinden der Demokratie (durch den Kollaps
der Partizipation und der Bürgerrechte, weil die Repräsentation zur Fiktion geworden ist) vollzieht sich in der Form
eines *circulus vitiosus*: Parteienherrschaft und autoritärer
Populismus verstärken einander gegenseitig (in bisher unbekannten Formen von Show und Videokratie). Die Demokratie trudelt immer schneller dem Abgrund und der Katastrophe entgegen. Es funktioniert so: Unter der Herrschaft
der Parteiapparate wird die Politik privatisiert als Teil der
Marktwirtschaft, als ein Marktsektor wie jeder andere, der
sich nur durch seine Funktion unterscheidet (innerhalb eines
Marktes, der einzig und allein auf Show und Täuschung basiert). Der *citoyen* verschwindet im Privaten: Seiner Souveränität beraubt, flüchtet er sich in den privaten *Erfolg* (auch
Liebe und Familie werden nach denselben wirtschaftlichen

Kriterien gemessen: Erfolg oder Scheitern einer Ehe, Gewinner oder Verlierer beim Sorgerecht für ein Kind).

Wenn die tatsächlich vorhandene Abscheu vor der Politik sich nicht zur Empörung steigert, und diese nicht zur autonomen Handlung wird (für eine *andere* Politik), sondern zur Nicht-Wahrnehmung des Wahlrechts führt oder zur Wahl mit »gerümpfter Nase«, was auf dem Stimmzettel nicht erkennbar ist, dann wird der politische Raum zur Wüstenei, in der nur die Apathie üppig und flächendeckend gedeiht. Der ideale Nährboden für jede Form außer-demokratischer Abenteuer, denen die Freiheit zum Opfer fällt.

Und tatsächlich. Die Abkehr der Wähler macht das Monopol der Berufspolitiker noch drückender, statt sie aufzuschrecken durch die Abscheu, die ihnen entgegenschlägt. Sie fühlen sich mehr denn je »legitimiert«: Die abgegebenen Stimmen ließen keinerlei Protest an ihrer Aufteilung der Torte der Macht erkennen. Ihre Kompaßnadel bleibt auf einem diabolischen »Weiter so!« stehen. Abscheu, die sich zur Feindseligkeit steigert, wird dazu führen, daß sich die Bürger noch mehr in die Sphäre des Privaten zurückziehen: und in die politische Apathie. Es öffnet sich eine Spirale, die jedes Anzeichen der Krise in der Verdrängung verschlingt und den um sich greifenden, abgrundtiefen Ekel verdeckt. So kam es, daß Frankreich erst geschockt die Augen öffnete, als Le Pen bei der Präsidentschaftswahl Jospin überrundete und die Summe der Stimmen von Trotzkisten und linken Randgruppen ebenfalls höher lag als die des scheidenden Ministerpräsidenten: Dabei war dies längst absehbar und zwar nicht nur für Eingeweihte: Es hätte genügt, hinschauen zu *wollen*. Und so kam es, daß die Niederlande einem ähnlichen bösen Erwachen nur durch den noch schlimmeren Schock eines Mordes entgingen. Sinnlos, darum herumzureden.

Hinter der vordergründigen Stabilität (des satten Dünkels der Parteienherrschaft: gefeiert vom Chor medialer und politologischer Apologetik) öffnet sich dort, wo die demokratische Partizipation zusammenbricht, auf der *agorà* ein Abgrund, aus dem jedwede Form von Despotismus oder mediengesteuerter Willkürherrschaft emporsteigen kann. Eine Soft-Version dessen, was Orwell beschrieben hat. Im übrigen hat es in Italien, Deutschland, Spanien, Portugal und Griechenland, von Südamerika ganz zu schweigen, schon schlimmere Entwicklungen gegeben auf den Ruinen eines demokratischen Bewußtseins, dem durch die Beschlagnahme des politischen Raumes der Lebensnerv abgeschnürt worden war: Das alles liegt gar nicht lange zurück.

Wie läßt sich der Versuchung zur Abkehr von der Politik entgegenwirken? Wie die selbstmörderische Tendenz zur Apathie in den Griff bekommen? Wie gegen die In-Differenz immunisieren? Mit welchen Antikörpern? Wie, mit einem Wort, die Politik dem Bürger wieder näherbringen? Auf dem einzig möglichen Weg: Dem Bürger wieder Souveränität und Macht zuteil werden lassen, d.h. ihm wieder das Recht der Entscheidung über das Gemeinwesen gewährleisten. Aus der formalen ist die fiktive Demokratie hervorgegangen, auch wenn Mechanismen und Institutionen scheinbar gleichgeblieben sind. Jetzt geht es darum, von der fiktiven Demokratie zur formalen Demokratie zurückzukehren, d.h. die Mechanismen der Delegierung wieder zu erfinden, die von der Parteienherrschaft sequestriert, von der Entertainment-Politik mit Füßen getreten und von Populismen aller Art ausgehöhlt worden sind. Es geht darum, Mechanismen zu institutionalisieren, die eine erneute Abkehr von der Freiheit mit größtmöglicher Wahrscheinlichkeit ausschließen.

Es mag scheinen, daß wir mit offenen Augen träumen,

als Visionäre einer unauffindbaren Demokratie Luftschlösser bauen, die nicht von dieser Welt sind. Die Gesellschaft der »variabel angeordneten« Identitäten scheint die Entstehung von Bewegungen mit universalistischen Zielen unmöglich zu machen, die sich der Gleichsetzung von Minderheit und Totalitätsanspruch der – wie wir wissen, demokratisch unerheblichen – Gruppenidentitäten entziehen. Alle »Tatsachen« scheinen – zugunsten des Monopols der Parteiapparate – das Vorurteil zu bestätigen, das jede Auseinandersetzung über die Krise der Demokratie belastet und besagt, vor allem *praktische* Kritik an den real existierenden Demokratien könne nichts anderes hervorbringen als kurzlebige, letztlich unpolitische Aufwallungen. Das Anprangern der Parteienherrschaft arbeite nur den Feinden der Demokratie in die Hände. Deshalb sei es immer noch besser, den Parteieneinheitsbrei zu schlucken.

29

Vielleicht spielt es gar keine Rolle. Aber am 15. Februar des Jahres 2003 gingen innerhalb von 24 Stunden rund um die Welt hundert Millionen Individuen auf die Straße, ohne Parteistrukturen hinter sich zu haben, ja sogar gegen die geballte Macht der Establishments und gegen das heftige Sperrfeuer der Medien, um mit der größten je stattgefundenen Demonstration leidenschaftlich gegen den Krieg des (kleinen) Bush zu protestieren. Diese Demonstranten waren das letzte »Empire«, das dem der Yankees noch entgegenzutreten wagte, mußte die New York Times zugeben.

Im nationalen Rahmen blieb diese Demonstration nicht die einzige. In Italien – einem Randstaat, der jedoch einst zum

Versuchslabor für katastrophale Entwicklungen geworden war – fanden im Laufe weniger Monate vier Ereignisse statt, bei denen sich zu ihrem eigenen Erstaunen jeweils mehr als eine Million Menschen auf den Straßen versammelte. Einmal waren es die Gewerkschaften, das konnte man noch kleinreden. Nachher wird von »vernünftigen Menschen« immer alles kleingeredet. Doch es schien bis zum Vorabend undenkbar, daß sich eine Flut von drei Millionen Menschen zu einem »Fest des Protests« zusammenfinden könnte, auf dem die Forderungen der Lohnabhängigen mit der Empörung der nachdenklichen Mittelschicht und der Revolte der jungen Globalisierungskritiker zu einer Strategie der Verteidigung der Grundrechte zusammenflossen, die mehr denn je universalistisch gegen die unerträgliche Arroganz der in ein autoritäres Regime abgleitenden Regierung anrannte.

Gegen den Krieg demonstrierten innerhalb weniger Wochen zuerst eine Million Menschen, dann drei Millionen: Aber wie man weiß, ist der Frieden eine Circe, die zu demagogischen Übertreibungen verleitet, spielt der Reaktionär mit den *stars and stripes* herunter. Es bleiben schwindelerregende Zahlen, doch sie prallen an der Rhetorik der *yes-men* ab. Sie müßten eine Soziologie, die ihren Namen verdient, zu (nachdrücklichen!) Untersuchungen anregen: Aber sie veranlassen nur die routinierten Bildschirmgrößen und die überbezahlten Lohnschreiber zu eilfertigen Exorzismen: Sie setzen die Schwelle für eine Demonstration, die wirklich etwas bedeutet, unwahrscheinlich hoch an, als ob es heute eine Kleinigkeit wäre, auch nur einige Zehntausende auf die Straße zu bringen.

Die Demonstration am 14. September 2002 auf der Piazza San Giovanni in Rom war mit ihren etwas mehr als einer Million Menschen zwar nicht so groß wie die der Gewerkschaften und die letzte gegen den Bush-Krieg, aber sie zeigt noch deutlicher, daß in der Zivilgesellschaft bereits massive Antikörper gegen das Demokratiedefizit vorhanden sind, das die Parteienherrschaft in unverantwortlicher Weise nährt. Diesmal kann man nicht so tun, als läge es nur am Frieden als dem Rattenfänger, der riesige Massen hinter sich schart, als ob die menschliche Herde nicht eher und viel häufiger irrationale Anfälle von patriotisch-kriegstreiberischer Hybris kennen würde.

Diese gigantische Mobilisierung war ausgelöst von ganz abstrakten Themen, ohne jeden sozialen und nach landläufiger Meinung auch ohne jeden emotionalen Appeal, angefangen bei: »Gleiches Recht für alle«. Eine Forderung, die noch hinter das 19. Jahrhundert zurückreicht: die Ausgewogenheit, von der Baron Montesquieu schon 1748 sprach, nicht der Guerillakampf um soziale Gleichheit eines »Che«. Weiter ging es um Freiheit und Pluralismus der Information: Unverzichtbar für jede gemäßigte Demokratie, von der Alexis-Charles-Henry Clerel de Tocqueville 1835 am Beispiel der Vereinigten Staaten von Amerika sprach, gewiß kein Anarchist ante litteram.

Das »Subjekt« dieser eindrucksvollen Selbsteinberufung ist nicht der Lohnarbeiter, der im Kampf gegen das Kapital mit seiner Klasse die ganze Gesellschaft zum Inferno des Kommunismus verdammen will. Und auch nicht der – gegen die Multinationalen gerichtete – dogmatische Furor einer im Wohlstand verzogenen Generation, die von dem Konsumismus abhängig ist, gegen den sie anschreit. So lauten die Stereotypen des Einheitsdenkens. Statt dessen verlangt hier der gute alte bürgerliche *citoyen* die strikte Anwendung des noch bürgerlicheren Prinzips der Legalität. Die hochgelobte Mitte also, der verehrte Fetisch aller Konservativen und das gehätschelte enfant gaté der Reformisten ohne Reformen.

Keine korporativen Ansprüche. Keine separate Identität. Aber der Wille, alle »privaten« Motivationen in der allgemeinsten Form des öffentlichen Interesses zum Ausdruck zu bringen. Das Bürger-Sein als einzige und unverzichtbare eigene Identität: ein öffentliches Dementi von mehr als einer Million Menschen gegenüber all denen, die prophezeien, in unserer individualistisch-massenmedialen Zeit müßten Bewegungen unvermeidlich einen egoistischen und verantwortungslosen Charakter annehmen.

30

Ein aufsehenerregendes und kaum vorstellbares Wiederaufleben des Massenprotests, um den Primat der Politik zu fordern, dieses beliebte Aushängeschild auch der Berufspolitiker. Hier allerdings geht es darum, die Prinzipien wirklich ernst zu nehmen, die in jeder Verfassung verkündet, aber von der Arroganz der Apparatschiks und politischen Medienstars tagtäglich verspottet und verhöhnt werden. Primat der Politik *gegen* die Politiker der monopolistischen Zunft also.

Eine Demonstration, die *niemand* organisiert hat. Mitten im Sommer hatte Nanni Moretti dazu aufgerufen und außer ihm waren bis wenige Tage vor dem 14. September nur vier oder fünf andere an der »Organisation« beteiligt. Wenn wirklich sie es gewesen wären, die über eine Million Menschen auf die Straße gebracht hätten, müßte der Heilige Stuhl es als Wunder anerkennen. Doch sie waren höchstens der Katalysator in dem ganz naturwissenschaftlichen Sinn der Beschleunigung einer schon vorhandenen chemischen Reaktion. Ganz ohne Übertreibung: Diese Million oder mehr Menschen haben sich selbst organisiert und bis in die kleinsten Städte und die »tiefste« Provinz hinein Organisationstalent und Unternehmungsgeist bewiesen, die ausschließlich von politischer Leidenschaft genährt sind. Ein Soziologe fände hier eine unerschöpfliche Quelle für eine nachdrückliche Analyse, etwas ganz anderes als *case-studies.*

Die gegenwärtigen und künftigen Massen-Bewegungen, die die real existierende Demokratie kritisieren, haben demnach ihrem Wesen nach nichts gemein mit letztlich unpolitischen Anti-Bewegungen. Der Antipolitik populistischen Zuschnitts. Ganz im Gegenteil. Es werden im wahrsten Sinne des Wortes *ambivalente* Bewegungen sein: manchmal auch für das einzelne Individuum. Sie können sicherlich zu reaktionärer Indifferenz führen nach dem Motto »Hauptsache *wir* werden satt« oder »Die sind doch alle gleich«: Und der »gleichste« von allen wird am Schluß alles abräumen. Heute dagegen könnte man die Hypothese wagen, daß das Spiel anders ausgeht. Die Kritik scheint heute auf die Forderung nach mehr Partizipation zu zielen, nach mehr Verantwortung, mehr Demokratie: also nach mehr Politik und weniger Parteienherrschaft. Die Gleichsetzung der Politik mit dem Monopol der Parteien stellt das eigentliche *qui pro quo* dar: Dem Establishment angenehm, vom medialen Konformismus aufgebläht, wird sie jetzt vom wiedererstandenen Selbstbewußtsein der Bürger in Zweifel gezogen.

Die Verknöcherung der Demokratie unter dem Einfluß der Parteiapparate ist nicht schon der Schlußakt der repräsentativen Demokratie. Die Sehnsucht nach der Souveränität sucht nach neuen Wegen, um sich auszudrücken, durchwandert neue labyrinthische Gänge, um sich zu *manifestieren*: bisher unbekannte Rezepte werden gesucht, um das Bedürfnis zum Handeln Realität werden zu lassen. Es ist nicht gesagt, daß sie nicht doch neue institutionelle Anlaufpunkte findet, bei denen die in den Kämpfen aufgelaufenen Wechsel in einer Verfassung eingelöst werden können.

Offensichtlich geht es nicht darum, der Spontaneität des politischen Handelns vorzugeben, wie sich die Bewegungen vervielfältigen, wie sie das Ausbrechen, die Blüte und die Strukturierung planen können, ihnen vorzuschreiben, wie sie organisiert und geleitet werden können: »weil sie sich unversöhnlich widerstreben«. Sie werden wie Karstflüsse abwechselnd heftig hervorbrechen, dann wieder in tausend unterirdischen Rinnsalen verschwinden, sich erneut zu einem breiten, ruhigen Fluß versammeln, um dann in heftigen Strudeln und Stromschnellen voranzustürmen und das Flußbett in aller Breite auszufüllen. Deshalb klingen die zahlreichen – aber gewiß nicht uneigennützigen – besorgten Fragen aufmerksamer Journalisten und anderer Vertreter des Einheitsdenkens nur pathetisch, wenn sie nachhaken, sobald einige Wochen niemand auf die Straße geht: Befinden sich die Bewegungen in der Krise? Sind sie am Ende?

31

Die dunkle Höhle, in der sich die repräsentative Demokratie mühsam zurechtfinden muß, ist nicht ganz ohne Ausgang. Jedenfalls nicht unausweichlich. In den Mäandern des gesellschaftlichen Organismus zirkulieren noch genügend Energien, um den Ausweg zu finden: zum Horizont einer offenen Repräsentation. Verfolgen wir die Gleise der möglichen Veränderungen. Schon ausgehend von der Notwendigkeit eines *fairen* Wettbewerbs zwischen den Parteien kann man deren

Monopol schwächen. Wir haben bereits festgestellt, daß die Finanzierung der Bewerber gleich sein muß, also öffentlich und ausschließlich »in natura«: in Ressourcen der Kommunikation. Die Modalitäten zu implementieren (um dieses Lieblingswort des bigotten Amerika und der pseudoangelsächsischen »Reformisten« zu verwenden, das auch in den hiesigen Sprachgebrauch aufgenommen wurde), um uns dieser unverzichtbaren Fata Morgana zu nähern, kann bereits eine Bresche in die Allmacht der Parteien schlagen.

Maßnahmen, die durchaus bekannt sind. Eine Zeit lang bruchstückhaft angewandt, werden sie schließlich in der Logik des Monopols zerrieben: Und doch sind sie Ausdruck fundamentaler Forderungen, die sich aus den Grundwerten der Verfassungen ergeben. Jede Liste, sei sie auch der Ausdruck einer winzigen Minderheit, hat in Italien beispielsweise das Recht auf genau soviel Platz für Plakate wie alle anderen Parteien. Theoretisch. In Frankreich haben alle Präsidentschaftskandidaten ein Anrecht auf gleich viel Sendezeit im Fernsehen. Aber in der Prime Time suchen dann die Redakteure (die sich damit an die Stelle der Wähler setzen) nach ihrem Gutdünken diejenigen aus, die sie zu einem Streitgespräch einladen (wenn die Konkurrenten sich dazu bequemen: Berlusconi, der »aus Feigheit großen Gutes sich beraubte«, läßt sich nicht dazu herbei, sondern kann vor liebedienerischen »Journalisten« alle Monologe halten, die er will). An der Entschuldigung, andernfalls würde man Kandidaten, die nur »stören« wollen, Tür und Tor öffnen, ist etwas Wahres. Auf diese Weise schottet sich jedoch das Monopol ab.

Es würde vielleicht schon genügen, strengere Kriterien anzulegen, die aufeinander aufbauen: Indem sie das Recht zu öffentlichem Auftreten erst im lokalen, dann regionalen und nationalen Rahmen verleihen. Aber nicht von vornherein kleinere Listen und den new entry am »Auftreten« hindern: Wenn die Schwelle überwunden ist, die die »Folklore« aussondert, müßten die Chancen wirklich für alle gleich sein – unerbittlich und ohne Ausnahme.

Vorwahlen könnten ein Instrument sein, um von Anfang an Eingriffe des Establishments zu verhindern und im voraus zur Kooptation zu zwingen, aber es kann auch das Gegenteil eintreten. *In cauda*, das heißt in den als bloße technische Probleme übergangenen Details, wird sich erweisen, ob sie ein *venenum* oder ein Heilmittel sind.

Fügen wir alle möglichen Regelungen hinzu, um Politik als lebenslange Karriere zu verhindern und den gefürchteten *circulus virtuosus* in Gang zu setzen, der bei jeder Wahlveranstaltung deklamiert wird: das Antreten zur Wahl als »Dienst an der Gemeinschaft«: Die Beschränkung der Wählbarkeit auf zwei Legislaturperioden, auf einen entsprechenden Zeitraum für Ämter verschiedener Ebenen (Bürgermeister, Abgeordneter, Minister: Aufgaben, die natürlich untereinander unvereinbar sein müssen), ein detaillierter Katalog möglicher Interessenkonflikte, um Machtfülle zu vermeiden (in der Politik, den Medien, der Justiz und im Wirtschafts- und Finanzbereich ...). Und damit die Programme mehr wert sind, als das Papier, auf dem sie gedruckt sind, die automatische Umwandlung derjenigen Punkte in Gesetzesform , die als unverzichtbar propagiert werden: sagen wir ein Dutzend etwa.

Als ob es sich um Referenden für Gesetze handeln würde also. Weiter die Zulässigkeit von vorschlagenden Referenden zu jedem anderen Thema, das nicht von der Verfassung geschützt ist, als eine Art friedliche Artillerie in den Händen der Bürger, um die Entscheidungen der Parteien durcheinander zu bringen: Von den Komitees und Fernsehkampagnen für diese Volksbegehren müßten Parteien und Parlamentarier strikt ausgeschlossen bleiben. Referenden sind empfindliche Instrumente, die leicht ins Emotional-Plebiszitäre abgleiten: Das weiß man. Alles hängt jedoch von der Regelung des Einsatzes der ausschlaggebenden Waffe ab, des Fernsehens: Wenn es zum argumentativen Dialog dient, kann das Referendum zum *kairós* für wahre Demokratie werden.

Mit dieser Aufzählung konkreter Maßnahmen haben wir uns zu sehr in die Niederungen des Alltags begeben, wird uns mancher Metaphysiker der Politik entgegenhalten und uns raten, einen »höheren« Ton anzuschlagen. Die Hüter der demokratischen Entropie sind nie zufriedenzustellen: Entweder ist die Analyse zu abstrakt (und zu utopisch natürlich) oder sie treibt sich zu sehr im Parterre der Alltäglichkeit herum. Am besten sollte die Analyse (oder die »Mühe des Begriffs«), die wirklich »wissenschaftlich« und in höchstem Maße »realistisch« ist (ça va sans dire), die Dinge so lassen, wie sie sind. Deshalb sei unmißverständlich gesagt: Wir haben nur einige wenige Beispiele gegeben. Nur um die Fülle der institutionellen Instrumente anzudeuten, wenn man tatsächlich den Himmel der Werte des *autòs nómos* dem Alltag in diesem Jammertal näherbringen will. Die Werkstatt der demokratischen Imagination muß immer offen gehalten und in jeder Weise gefördert werden.

Auf das Fernsehen (und das Radio) kommt man also immer wieder zurück: Alle Wege der Demokratie führen inzwischen auf den Gott der Röhre des allesverschlingenden Bildschirms zu. Man denke nur an die Bereicherung des Pluralismus, die entstehen würde, wenn durch Wählerentscheid in regelmäßigen Abständen die Frequenzen neu zugeteilt würden, wenn neue Betreiber dazukämen (und unvermeidlich andere wieder ausscheiden müßten): Wenn die Bevölkerung entscheiden könnte, welche besonders beliebten Networks weitergeführt werden, aber auch, welche Unternehmen neu dazu kommen sollen, um sich, von bestimmten Minderheiten unterstützt, der Feuertaufe der Einschaltquoten und des »Marktes« zu stellen (mit weniger Anführungszeichen, denn dann würde es sich um eine Konkurrenz handeln, die heute verhindert ist). Visionäre Phantasien? Wenn das Bestehende als unanfechtbares Diktat die Grenzen des Möglichen absteckt, gewiß (mit allen bestehenden Interessen versehen: *vested*, so gesteht die Sprache des Empire, während der abstrakte Bürger *nackt* ist). Technisch dagegen würde dem nichts entgegenstehen: Derartige Vorstellungen haben nichts, aber auch gar nichts mit Utopie zu tun, ihre Verwirklichung ist einzig und allein eine Frage demokratischer Kohärenz, politischen Willens und der gesellschaftlichen Kräfteverhältnisse.

32

Daher hängt es auch vom Gewicht der Bürgerbewegungen ab, ob sie sich im politischen Leben durchsetzen können. Wie also sie ins Leben rufen, organisieren und ihnen Kontinuität geben? Einfach dadurch, daß sie nicht verhindert und behindert werden, also durch gesetzliche Förderung der Spontaneität politischen Handelns, die das Entstehen, die Flexibilität, die Vervielfältigung und die Wandlungen der Bürgerbewegungen erleichtert. Die heute mit materiellen Hindernissen und bürokratischem Dickicht zu kämpfen haben: All das muß eliminiert werden, um so weit als möglich neues und bewegliches politisches Engagement außerhalb der Parteien zu »institutionalisieren«.

Zum Beispiel durch Finanzierung der *Politik* (streng in

»natura«, d.h. in Form kommunikativer Ressourcen), nicht allein der parlamentarischen Gruppen. Für *jede* Form politischen Handelns, sei es in den Parteien oder in der Gesellschaft, seien es Berufs- oder Freizeitpolitiker, müssen zur Verfügung stehen: Minimale Post- und Telefongebühren, Versammlungsräume (Theater, Kinos, Kongreßzentren: vor allem wenn es sich um staatliches oder kommunales Eigentum handelt) nur für die laufenden Kosten, unentgeltliche Papiervorräte, Radiofrequenzen und Fernsehzeiten zur eigenen Gestaltung, wenn bestimmte »Ereignisse« anstehen, Steuererleichterungen und Subventionen für die Anmietung von Einrichtungen im Freien (Bühnen, Gerüste, Verstärker, Bildschirme und Großbildschirme): und natürlich die Freigabe von Straßen und Plätzen ohne jede Einschränkung.

All diese Wohltaten können außer zur Bereicherung des demokratischen Lebens auch für kommerzielle Zwecke mißbraucht werden. Oder auch zu exhibitionistischen Zwecken: für Sekten, die sich nur auf sich selbst beziehen und keinerlei Echo in der Zivilgesellschaft finden. Nur Ruhe, so etwas ist leicht zu vermeiden: Ein Theater wird nicht mehr zur Verfügung gestellt, wenn es nicht zu drei Viertel besetzt war, oder aber es muß bezahlt werden: Und in diese Richtung kann weiter gedacht werden.

Wenn ein Frühling der Bewegungen, die mehr oder minder dauerhaft agieren, die Parteien dazu zwingen würde, ihre Programme danach auszurichten und vor allem ihre Praxis zu ändern, durch Kooptation der unangreifbaren Führungsebenen ihr Personal zu perpetuieren, dann wäre das schon viel: dann würde die Vereisung aufbrechen, die schon allzu lang das Klima in den liberalen Demokratien abgekühlt hat. Wenn aber all die denkbaren und noch weiter zu entwickelnden Instrumente zu einem System gedacht werden und entsprechende Synergien entfalten, dann könnte daraus noch mehr werden: Dann müßten die parlamentarischen Vertreter den Bewegungen wirklich zuhören, andernfalls gerieten sie auf dem Terrain ihrer Wahl in Schwierigkeiten (nämlich eben bei den Wahlen).

Wir wollen nichts idealisieren, das sei klargestellt. Denn es gibt keine Garantie dafür, daß die Bewegungen nicht abdriften und degenerieren. Die Maßnahmen, die man sich für die Wiederbelebung des demokratischen Zusammenlebens vorstellen kann, müssen deshalb auch dagegen gerichtet sein, daß einige Bewegungen erstarren und die politische Bühne monopolisieren. Auf diese Weise würden sie als Neu-Kooptierte des Konformismus statt als Dauerstreiter des Dissens im Dienste des Establishment stehen und den Beginn neuer Proteste schon im Keim ersticken.

Was macht die demokratische Rolle einer Bewegung problematisch? Zu ihrem Entstehen muß ein äußerer Katalysator vorhanden sein (eine »allzu« offene Ungerechtigkeit, ein »übertrieben« anmaßender Gebrauch der Macht), auf den zu reagieren ist. Über das normale Maß hinausgehende Ungerechtigkeit und Machtanmaßung, die Leidenschaften wecken, die im Fernsehen thematisiert werden: Sie verwandeln vereinzelte Empörung in eine Massenbewegung. Die Bewegungen brauchen sehr häufig charismatische Führer, was sie unvermeidlich belastet. Diese Führer sind nicht selten schon aus dem Showgeschäft bekannt (wie Emanuelle Béart bei der Verteidigung der *sans papier*, Joan Baez, Bob Dylan und andere in den amerikanischen Antikriegsbewegungen). Darauf, daß sie vom Fernsehen »aufgefressen« werden, müssen sich auch charismatische Figuren einstellen, die »von unten«, aus den Bewegungen selbst kommen: auch auf einen gewissen »Kultstatus« ab und an. Symbolische Gesten spielen eine größere Rolle als Programme oder konkrete Reformen. Ja noch mehr: Es sind die Massenmedien, die über die Führer der Bewegung entscheiden, da sie aus der Trägheit der Routine im allgemeinen an den Personen festhalten, die sie ein Mal aufs Schild gehoben haben.

Ernstzunehmende Risiken. Und trotzdem. Wenn ein Führer nur »virtuell« ist, nur vom Fernsehen »aufgebaut«, wird er beim ersten Fehler rasch abstürzen, wenn er nicht mehr in der Lage ist, im Einklang mit der Bewegung zu handeln und sie zu repräsentieren.

Gegen die Politik als Show also das Engagement als Show? Triumphiert die Show endgültig über das wirkliche Leben? Auch das Gegenteil könnte der Fall sein: Die blutleere Verwandlung der Politik in Spektakel schafft die Voraussetzungen ihrer eigenen Nemesis: Wenn sie vom Bildschirm aus zuschlägt, kann sie vom Bildschirm auch geschlagen werden.

Die bisher überprüften Widersprüche regen nur dazu an, das oben Gesagte noch radikaler zu formulieren: Gesetze und Verfassungen müssen all das zur Verfügung stellen, was das Entstehen neuer Bewegungen erleichtert, die anfangs unvermeidlich nur Minderheiten sein werden. Und vielfältige Sichtbarkeit ermöglichen. Daraus erwächst neue Energie an Freiheit für die Institutionen. Und so weiter. Im übrigen wußten wir es ohnehin, ohne allen Zweifel: Die Vektoren der Demokratie bilden einen Kreis. Aus dem kommt man nicht heraus. Aber das ist auch gar nicht notwendig: Man muß nur einen circulus virtuosus daraus machen.

Ist das möglich?

VII Der Primat der Legalität

33

Der zirkuläre Charakter der Demokratie kündigt sich bereits in der Form an, in der die Souveränität ausgeübt wird: die Form des Gesetzes. Und in der Tat kann niemand an Stelle des *dêmos* ein Gesetz verabschieden. Primat der Politik also. Aber das Gesetz bringen die Richter zur Anwendung auch gegen die Politiker selbst. Primat der Legalität.

Als Konsequenz. Ein Gespenst geht um in den liberalen Demokratien: die Übermacht der Richter. Man befürchtet ungerechtfertigte Eingriffe der Richterschaft ins politische Gebiet der Souveränität bis hin zu seiner Beschlagnahme: zum Schaden des modernen »Fürsten«, dem Willen des Bürgers, heißt es: prosaischer handelt es sich um die Mehrheit seiner »Vertreter«.

In der großen liberalen Tradition bestand die umgekehrte Sorge: Die Gründerväter der amerikanischen Demokratie fragten sich, wie sie die Unabhängigkeit der Richter von der politischen Macht garantieren konnten, die immer über dem Abgrund der Tyrannei der Mehrheit schwebt. Und diese Frage stellte sich um so entschiedener in der Revolution par excellence in Paris nach dem Blutrausch der Schreckensherrschaft, die ihre Väter und Söhne verschlungen hatte. Das heutige Establishment äußert dagegen, wie gesagt, die umgekehrte Befürchtung. Das müssen wir zur Kenntnis nehmen. Dabei handelt es keineswegs um ein Labyrinth von Widersprüchen, aus denen kein Ausweg zu finden ist: Die Wege sind vollkommen symmetrisch und klar erkennbar, man braucht ihnen nur ohne Vorurteile und eigennützige Interessen zu folgen. Versuchen wir also den Augenschein zu hinterfragen.

Der repräsentierte Wille der Bürger ist der einzige Souverän: Herr über das Recht. Hier liegt die Grenze: unwiderruflich »Hände weg!« Dieser Wille erläßt aber Gesetze, nicht fürstliche Erlasse. Recht, das durch schweigende Zustimmung der Mehrheit zur leeren Hülle verkommen ist, ist nicht auf Wasser der damit verliehenen Straflosigkeit geschrieben, sondern ins Blei der Übermacht: Das zum Trugbild verkommene Recht bemißt sich einzig und allein an der omnipotenten Willkür dessen, der letztlich über die Mittel verfügt, um ihm Geltung zu verschaffen oder nicht: die Exekutive mit ihrer Polizei und ihren Häschern oder Henkern. Diese »Legalität« hat ihre konstitutionelle Hybris in den finstersten Zeiten der Geschichte erlebt: sie hieß Führerprinzip.

Daß das Gesetz ohne Ansehen der Person respektiert und vor der Versuchung geschützt werden muß, es »auf die Feinde anzuwenden und für die Freunde umzudeuten«, liegt in der Gesetzesform selbst. Das heißt: Angesichts der Verletzung eines Gesetzes (des Willens der Mehrheit!) muß automatisch – durch eine unabhängige Gewalt – der vom Gesetz vorgesehene Wille zur Sanktion wirksam werden: erga omnes, Mehrheiten und Minderheiten, Mächtige und Machtlose. Wenn die Regierung entgegen ihrem Auftrag durch ihr Handeln oder durch Unterlassung Gesetze nicht umsetzt. Daraus ergibt sich zwangsläufig die Konsequenz: Vollkommene und in der Verfassung verankerte Unabhängigkeit der »neutralen« Gewalt, die die Gesetzlichkeit garantieren muß. Und derjenigen, die diese Gewalt verkörpern.

Der Primat der Legalität ist demnach der eigentliche und unverzichtbare Kern des Primats der Politik. Diese Wahrheit muß bekannt werden, im Sinne des Bekennens der *confessio fidei*: mit lauter Stimme verkündet als unerschütterliches Fundament der Demokratie. Wiederholen und präzisieren wir: Die neutrale Gewalt (neutral gegenüber den wechselnden Mehrheiten), die daher unabhängig sein muß und die Legalitätskontrolle auch über die Handlungen der Politiker ausübt, über die legislative, exekutive und persönliche Tätigkeit, soweit sie strafrechtlich relevant oder verfassungsmäßig zweifelhaft ist, stellt mehr denn je den unabdingbaren Schutz des Prinzips demokratischer Souveränität dar. Eine Gewalt, die in ihrer letzten Instanz nicht in Zweifel gezogen werden darf, denn sonst gäbe es nie eine definitive Entscheidung, die rechtskräftig werden kann. Eine gewiß »schreckliche« Gewalt. Aber unmöglich zu umgehen: Wenn man die Zeit nicht anhalten will, muß irgend jemand den letzten Urteilsspruch fällen. Wenn es nicht der Richter tut, wird diese Entscheidung in die Hand der Politiker geraten, und dann ist Schluß mit der Unparteilichkeit.

Wenn eine wirklich unabhängige Richterschaft auf Widerspruch stößt, ist die Alternative Rechtsunsicherheit, Anmaßung des hic et nunc der Mehrheitsabgeordneten und ihrer Exekutive: eines Kabinetts privater Straflosigkeit: für sich und für die Freunde. Damit würde für jeden einzelnen seine Einordnung in einen Rahmen von Rechten und Pflichten verschwinden: vom existentiellen »Geworfensein« zum »Hinausgeworfensein«, im wahrsten Sinn des Wortes und Tag für Tag. Die eigene Identität als Bürger wäre deshalb nicht mehr entzifferbar, denn sie ist eins mit den Rechten und Pflichten und dem zu beachtenden Recht. Nichts mehr von Staatsbürgerschaft, die auf den festen Grund der unwiederholbaren Identität gebaut ist: jeder einzelne nur noch ein Rohr im Wind schwankender Mehrheitsentscheidungen.

Ein Gesetz kann, wenn es der Mehrheit nicht gefällt, im Rahmen der Verfassung von der Mehrheit geändert werden: Das ist Ausübung der Souveränität. Eine Politik der Straflosigkeit dagegen, die Gesetze auf dem Papier stehen läßt, aber ihre Umgehung garantiert, ist die Maische, die man früher mit den Füßen trat, für bloßes politisches Paktieren als solches, da es die Gesetzesform als solche zerstört, den Vektor der Souveränität und des Mehrheitsprinzips.

Den »Volksvertretern« und Regierenden Gesetzestreue abzuverlangen und deren Überwachung der Richterschaft zu übertragen, bedeutet demnach keineswegs, die Politik oder gar die Bürger zu entmachten. Im Gegenteil wird dadurch verhindert, daß die Politiker, nachdem sie die Bürger ihrer Macht beraubt haben, sich auch dem Gesetz entziehen, sich *legibus soliti* über die gewöhnlichen Sterblichen erheben und von oben herab auch ihre drängelnden Klienten mit diesen Wundern beglücken (um Wählerstimmen zu gewinnen wird die »Politik« des generalisierten Straferlasses auf die Spitze getrieben: Die Negation und das Krebsgeschwür der Demokratie, Harakiri des Volkswillens).

Daß demnach auch der Politiker dem Gesetz unterworfen und immer ein Richter in Berlin sein muß (der Friedrich dem Müller gleichsetzt), bedeutet also keineswegs eine Aushebelung der Politik (der Souveränität) durch die Justiz, sondern ihre transzendentale Begründung, die Bedingung ihrer Möglichkeit, mithin das ABC meiner Macht als Bürger. Meine Rechte, die mir nur ein unabhängiger Richter (der das Gesetz verwaltet) garantiert (auch gegen eventuelle Verbrechen meines Repräsentanten), bilden die Grundausrüstung dafür, daß ich frei Politik machen kann: ohne Einschränkungen oder Gefahren, die ich nur mit großem Mut auf mich nehmen könnte. Um mich als Dissident gegen die Mehrheit stellen zu können: als Gewerkschafter, Journalist, Widerspruchsgeist. Sogar als Konsument. Das unabdingbare Handwerkszeug meines Berufs: als Bürger.

34

Fassen wir zusammen: Der Richter ist gerade durch seine Unabhängigkeit als Wahrer des Gesetzes der Zivilverteidiger der Macht des Bürgers.

Um zu garantieren, daß die Beamten möglichst unparteiisch entscheiden, erscheint es sinnvoller, sie in einem öffentlichen Bewerbungsverfahren auszusuchen, als sie wählen zu lassen, womit sie unvermeidlich einer Mehrheit verpflichtet sind. Oder sie sogar von der jeweiligen Exekutive ernennen zu lassen. Als Gegenbeispiel wird man das amerikanische Beispiel zitieren. Doch schon Jefferson verlangte als Korrektiv für den anfänglichen *Sündenfall* der politischen Entscheidung die Ernennung auf Lebenszeit, obwohl sie durch die Exekutive erfolgte, um das System nicht zu vergiften. Auch das in Amerika herrschende calvinistische Ethos, die Unzahl von Gegengewichten und die Rolle der Presse, die nicht einengbar schien, spielten eine Rolle. Daß heute das Verfahren der Wahl oder politischen Ernennung der Richter nicht mehr funktioniert, zeigt sich an deren höchstem Organ, dem Supreme Court, der den als illegal angefochtenen Machtantritt eines an den Wahlurnen unterlegenen Präsidenten ermöglicht hat.

Das Gespenst einer Auslieferung der Demokratie an die dritte Gewalt wird in vielfältiger Form an die Wand gemalt: Die individualistisch-liberale Seite des politischen Lebens habe sich gegenüber der demokratisch-partizipativen durchgesetzt, heißt es. Oder aber: die Wahrnehmung der Souveränität durch die Mitglieder des politischen Ganzen sei zurückgetreten hinter die Garantien individueller Rechte. Ein neues *Subjekt* also, das nicht mehr durch die Unabhängigkeit der eigenen Stimme, sondern durch die Heteronomie richterlicher Entscheidungen gestützt ist. Ein verhängnisvoller Wandel: eine Demokratie der Urteile und nicht der Urnen. Die Funktion der Politik, die Trägheit des Bestehenden zu transformieren, verblasse angesichts der wachsenden Rolle der Gerichte, die zur jurisdiktionalen Neutralisierung des Staates führe. In Kurzfassung: das Ende des Primats der Politik. Der Verzicht auf das unverzichtbare, weil grundlegende Ideal: *autòs nómos.*

Versuchen wir herauszufinden, was hinter dieser gigantischen Fehleinschätzung steckt. Das partizipative Element verschwindet keineswegs. Statt dessen gewinnt jeder einzelne, der wir alle sind, als Inhaber von Rechten und Pflichten, über deren Ausübung oder Vollstreckung in letzter Instanz die Dritte Gewalt entscheidet, höchstens etwas zurück, was ihm genommen worden ist: den Bruchteil der *-kratía* des *dêmos,* der ihm zusteht und von der monopolistischen Zunft der Berufspolitiker auf Lebenszeit entzogen worden ist. Der Bürger erhält demnach einen Platz im politischen Raum zurück, den die Parteien abgesperrt und privatisiert hatten.

Alles entspringt aus dem Mißverständnis, der Wahlkonsens sei das A und O demokratischer Legitimation. Aus der Gleichsetzung von Politik mit der herrschenden parteipolitischen Repräsentation, die längst zur Parteienherrschaft geworden ist. Doch wir haben gesehen, daß gerade das Mehrheitsprinzip auf Rechte verweist, die nicht mehrheitlich entschieden werden dürfen: Es existieren mehr Rechte auf der Welt, wenn sie demokratisch ist, als sich die liberale

Philosophie träumen läßt. Unveränderbare, nicht verhandelbare und deshalb auch nicht durch souveränen Willen verwandelbare Rechte. Die Souveränität würde dadurch beschädigt und schließlich an der Wurzel getroffen: Das haben wir genau verfolgt.

Ein statisches Ideal der Demokratie also? Statisch ist höchstens der Sumpf der real existierenden Demokratien, in denen zwar die Mehrheiten wechseln, aber nie oder fast nicht die Politik: Die postmoderne Freiheit im Zeichen der Parteienherrschaft oszilliert zwischen *blanc bonnet* und *bonnet blanc*.

Das eigentliche Problem ist höchstens die Frage, wie demokratisch die alten und neuen Gremien eigentlich sind. Aber nur in dem einzigen Sinn: Ob sie wirklich in Einklang stehen mit dem demokratischen Projekt der Autonomie, die sie ermöglichen und deren Fehler sie korrigieren. Sicher nicht im Sinne einer Auswahl durch die Mehrheit der Wähler: eine letztlich nur parteipolitische Legitimation, die keine Lösung sein kann, weil sie der Kern des Problems ist: des Verschwindens der Souveränität.

VIII Bürger, Moral und Konformismus

35

Wodurch wird die Unparteilichkeit der Richter garantiert? »Quis custodiet custodes?« Es droht eine *regressio ad infinitum*. Die Politiker unterliegen einer Legalitätskontrolle durch die Justiz. Die Justiz der durch die Medien – und den komplexen Mechanismus der verschiedenen Instanzen, der Berufungen und der gegenseitigen Kontrolle. Die Medien der durch das öffentliche Ethos? Und dieses? Durch nichts und niemanden. Endstation.

Es ist die unlösbare, weil unumgängliche Kreisbewegung der Fragilität der Demokratie. Ein unnachgiebiges und zugleich plebiszitär diffuses Ethos, das die demokratischen Werte des Zusammenlebens im unverzichtbaren Widerspruch der »Gemeinschaft der Dissidenten« gewährleistet, ist der einzige Antikörper (das »Fundament«), der sich entwickeln läßt. Doch aus dieser *öffentlichen Moral* das vordringlichste private Interesse jedes einzelnen zu machen, scheint unmöglich. Vielleicht möglich für ein Volk von Göttern, würde Jean-Jacques hinzufügen.

Und doch verlangt die Demokratie den Höchsteinsatz. Es bleibt nichts anderes übrig, als das Ethos der Demokratie *materiell* zu verwurzeln. In der Materialität des Alltags.

Welche Freiheiten sind wirklich von Interesse? Diejenigen, die wirklich genutzt und als eigene *Macht* erlebt werden können. Die Reisefreiheit zum Beispiel: immer mehr. Wenn man aber keine Zeitung liest, wird man die Pressefreiheit nicht als eigene und deshalb unverzichtbare Freiheit empfinden. In Italien lesen nur zehn Prozent der erwachsenen Bevölkerung eine Zeitung: einschließlich der Sportzeitungen. Nur wer auf die Straße geht, erlebt das Demonstrationsrecht als *sein* Recht. Wer existentiell vor allem Autofahrer ist, noch bevor er sich als Bürger fühlt, wird Freiheit mit Freiheit des Verkehrs gleichsetzen, sei er auch noch so chaotisch. Also wird er seine Unterschrift geben, um Demonstrationen zu verbieten. Künstlerische Freiheit ohne Zensur natürlich: für den, der beispielsweise gern ins Theater geht. Natürlich auch für die Musik, sogar und um so mehr, wenn man auf der Bühne für Mariagiovanna schwärmt. Für das Fernsehen, die Fernbedienung, den Satelliten: über alles [im Original deutsch].

Halten wir einen Augenblick inne. Die auf das Sein (oder die Existenz) bezogene Freiheit des Durchschnittszuschauers beschränkt sich vor allem und überwiegend auf den Konsum von Shows und Soaps. Freiheit für Programme mit hohen Einschaltquoten. Nur für diese interessiert sich die Werbung, die zählt. Freiheit für Minderheiten würde zu einer Forderung von Gewicht, der die Produzenten auch Gehör schenken würden, nur im Rahmen eines reinen Bezahlfernsehens, wo auch Nischenanteile Kasse machen. Die Mehrheit dagegen wird die Sklaverei der kostenlos zu empfangenden täglichen Circenses vorziehen, die sich darüber hinaus auch noch als Freiheit präsentieren, statt einem effektiven Pluralismus zuzustimmen, der Geld kostet und nur den Minderheiten zugute kommt. Außer es gäbe vielleicht ein Zusammenwirken aus der Verbreitung kritischer Kultur, weitsichtiger politischer Praxis, aktiver Bürgerbeteiligung, wiederholter Erfahrung eines authentischen Pluralismus im Fernsehen und einem wachsenden Interesse für das Vergnügen, das daraus erwächst...

Demokratisches Ethos zu verwurzeln, bedeutet demnach, durch öffentliches Handeln die Form von Bedürfnissen und Konsum zu kultivieren, zu ermutigen, zu schützen, die Freiheiten und Macht erfahrbar machen, wie sie für die Polyphonie (und auch die Kakophonie) im Orchester der Demokratie unentbehrlich sind (wo jeder gegenüber jedem Dissident ist). Die Bedürfnisse und der Konsum sind deshalb für die Demokratie keineswegs unerheblich: Sie nähren oder sie schwächen ihr »Fundament«.

Es ist absolut unmöglich, eine erschöpfende Liste der politischen Verhaltensweisen zu erstellen, die das demokratische Ethos im täglichen Leben verankern können. Nur die demokratische Praxis und das sie begleitende »Denken« können diese Aufgabe lösen. Ganz genau wissen wir dagegen, was die Verneinung dieses Ethos und die »tödliche Krankheit« ausmacht, die die Demokratie bedroht: der Konformismus. In allen seinen Formen, Verkleidungen, Metamorphosen.

Deshalb: Man spricht von Totalitarismus nur, wenn der Konformismus total ist, aber jeder Konformismus kündigt den Totalitarismus schon an, ist eine schlechte Nachricht, eine homöopathische Dosis Totalitarismus, die keinerlei Heilwirkung besitzt. Der Weg von der Demokratie in den Totalitarismus weist keine Brüche auf: Am Maß und dem Prozentsatz an Konformismus, oder umgekehrt des Ethos für den Dissidenten, läßt sich die Nähe oder Ferne jeder Politik zu den beiden Extremen messen.

36

Der Konformismus ist demnach der Feind der Demokratie. Jedes Gesetz, jeder Zeitungsartikel oder jede »Meldung« in den Fernsehnachrichten, jeder Aufmacher des Samstagabendprogramms auf dem Bildschirm, jedes Verhalten »in Worten, Taten oder Unterlassungen«* (und dies um so mehr, wenn die Person in der Öffentlichkeit steht) kann ihn bekämpfen, eindämmen oder auch fördern. Weil sich die Demokratie auf den kreisförmigen Zusammenhang Politik-Legalität-Massenmedien-Ethos gründet, ist unser tägliches Leben ununterbrochen an irgendeinem Punkt davon betroffen, wo sie gestärkt oder geschwächt werden kann: Fast alles ist Politik, wenn auch nie im gleichen Maß.

Demokraten ohne Wenn und Aber, das heißt kohärente Demokraten, sind also ausschließlich diejenigen Bürger und Parteien, die sich tagtäglich darum bemühen, das schmeichelnde Gewebe des Konformismus zu zerreißen, den illiberalen Stoff, den Gehorsam gegenüber dem Establishment, Parteienklüngel und freiwillige Unterwerfung jeden Tag knüpfen. Widerstand, der keineswegs von vorneherein zum Scheitern verurteilt ist, wie der der Penelope.

Es geht also – bei dieser demokratischen Politik – um das Individuum der freien Meinungsäußerung, des kritischen Geistes, der bewußten Entscheidung, nicht um den Replikanten des Marktkonformismus. Das Individuum der politischen Freiheiten und der politischen Rechte und Pflichten, die wir ausführlich verfolgt haben, nicht den gleichgeschalteten Konsumenten, der sich nur durch seine Teilhabe an der Mimesis

---

* Das sind die Sünden (aber auch die »guten Taten«) nach dem Katechismus Pius' X.

und der Selbstbefriedigung des Massenkonsums definiert. Es geht also um den Aristokraten. Die Demokratie ist deshalb die unermüdliche Annäherung an die Massenaristokratie, in der die Gesamtheit der Bürger als der moderne »Fürst« behandelt wird, der sie auch tatsächlich sein muß. Die Gesamtheit der Bürger: jeder einzelne in Fleisch und Blut, nicht eine Art Lemuren.

Die Demokratie ist Gleichheit in der Aristokratie und Aristokratie in der Gleichheit: ein noch größerer Widerspruch und noch notwendiger. Aristokratie ohne Privileg also: die Aristokratie aller, die Aristokratie der *pares*, die jedes Privileg ausschließen. Die Aristokratie aller Dissidenten. Der Feind dieses Dissidenten ist dein wahrer Feind. Die Politik, die Konformismus sät und erntet, arbeitet gegen die Demokratie. Sie ist deshalb antidemokratisch. Oder extrademokratisch, indifferent gegenüber der Demokratie: Wenn wir optimistisch sein wollen.

Es gibt zwei unmißverständliche Kriterien, um demokratische Politik zu beurteilen und zu wählen. Und die, die nicht demokratisch ist, trotz eines noch so großen Konsenses. Wir haben sie gefunden, ausgehend von den beiden prozeduralen Kernpunkten der Demokratie, über die Einvernehmen besteht: das Mehrheitsprinzip und das Prinzip »one man, one vote«. Sie müssen um so mehr hier am Ende dieser Anabasis in die Territorien der Demokratie wiederholt werden, weil die Partei der Heteronomie – der im Anderswo legitimierten Macht – die Autonomie der Macht jedes einzelnen, im endlichen »Hier und Jetzt« jeder Existenz nicht mehr frontal angreift: als Vendee, Legitimismus, Faschismus. Die Front verläuft im Inneren, innerhalb der Demokratie selbst: und innerhalb der demokratischen Prozeduren. Durch die Kultivierung des Konformismus eben.

Ein Konflikt in jedem von uns, da die Demokratie auf der republikanischen Tugend fußt, die die Anwendung eines vollkommen unerwarteten Aphorismus verlangt: *amicus Plato, sed magis amica veritas.* Die Spielregeln oder der Sieg? Darüber hinaus sind die Regeln unglaublich vielfältig und anspruchsvoll, wie wir gesehen haben, mit all ihren logisch-substantiellen Konsequenzen.

Die Wahrung der Souveränität verlangt deshalb auch die an die res publica delegierte drastische Selbstbeschränkung der eigenen, besonders egoistischen Bestrebungen, um zu verhindern, daß die besitzergreifende und beutelustige Seite der Souveränität, nämlich der Wille und die Macht, unser unmittelbares Interesse durchzusetzen, die Bedingungen der Möglichkeit der Souveränität selbst zerstört: ihre transzendentale »Gründung«.

Die Herausbildung und das Zusammenspiel von Privilegien in den Manövern des »Handelns als Establishment« bedroht also Freiheit und Souveränität. In diesem Sinne ist es nur allzu richtig, daß Macht korrumpiert, aber in einem strukturellen Sinn: Sie korrumpiert die einzelnen und die Demokratie als Ganzes, immer wenn sich Machtinteressen summieren statt sich zu teilen.

37

Daher: Nicht die Gleichheit, die Tocqueville zu fürchten scheint, bedroht die Freiheit in der Demokratie. Oder besser, es ist wirklich die »Gleichheit«, aber ausschließlich in der Form des Konformismus, wie Tocqueville vollkommen richtig diagnostiziert hat: Das Gegenteil, das die *Prêt-à-penser-*»Liberalen« behaupten, beruht auf einem terminologischen

Mißverständnis, das heißt der Vermassung, dieser Pornographie der Gleichheit, die dem Privileg Vorschub leistet. Die Umarmung der Boa constrictor, die heute der Demokratie die Luft abschnüren kann, erwächst aus dem spiralförmig sich steigernden Zusammenwirken der Privilegien der Macht und der Gleichschaltung der »Bürger« zur Masse.

Alles Gerede von einem ethischen Staat ist hier natürlich fehl am Platz. Es geht hier ums Gegenteil. Keinerlei Vergötzung des Staates oder Verehrung für die Macht als solche (und ähnliche Quadratschädel der Autarkie)*: Die Demokratie ist ein Wert, sie kommt nicht in der Natur vor. Sie stellt ein *Sein-Sollen* dar. Wenn sie durch andere Werte ersetzt wird, ist sie schon eine andere Sache: *nomina sunt consequentia rerum.*

Im Gegensatz zu dem von einigen Klassikern des Liberalismus vertretenen Dogma, das heute von Apologeten nachgebetet wird, deren Namen Legion sind: Konformismus *oblige*, ist Eigentum nicht der Harnisch der Freiheiten, sondern auch eine seiner Bedrohungen: denn es tendiert zum Monopol und zum ungezügelten Übergreifen: auf den Wahlkampf, in die Gerichtssäle und in alle anderen Bereiche der

---

* Vgl. Carlo Emilio Gadda, in: »Die gräßliche Bescherung in der Via Merulana«. In Eros und Priapos vervielfältigen sich die Epiteta Mussolinis: »Autoerotoman« mit angeborener Gewaltneigung«, »vertrottelter rachitischer Prellkopf«, »Leichenschwadroneur«, »Scipio Africanus im Taschenformat«, »schwachköpfiger napoleonischer Arsch«, »Bowler mit Logorrhoe«, »aufgeblasener Großmeister des Basedowschen Glotzauges«, »virulenter Trottel«, »ängstlicher Verehrer der Zahl und der Kraft«, »Priapus Optimus Maximus«, »Tubero, der immer recht hat«, »seniler Quirinus«, »Großer Trommler des Nichts«, »die Flasche«, »das Torsomannequin«, »Batrack Tritack«, »Esel (der immer recht hat)«, »unser allergrößter Esel«, »mörderischer Verleugner alles Menschlichen«, »Marionette«, »Hohlkopf«, »Esel auf dem Balkon«, »Großmeister des Furzes«.

»Teilhabe« an der Macht. Der Eigentümer kann also das Individuum unterdrücken: Er bringt es auf jeden Fall in Gefahr und zwar ständig. In der Gesellschaft – und in jedem Individuum selbst.

Eine keineswegs hypothetische Übertreibung: Sie beherrscht die Phase, die wir durchleben. Private Interessen mußten sich, um auf der politischen Bühne eine Rolle zu spielen, mit der Beglaubigung durch das Gemeinwohl präsentieren. Nicht nur heuchlerische Maskierung, sondern auch Anstrengung und Pflicht zur Vermittlung. Heute nicht mehr. Weil die Repräsentation zur Fiktion geworden ist, muß das private Interesse sich nicht mehr verkleiden und weniger denn je wirklich eine Vermittlung suchen: Es kann sich einfach nackt in seiner alles verschlingenden Gestalt darbieten. Einen Präsidenten im Namen der Profite der Ölfirmen wählen, nicht im Namen eines Lobliedes à la Thatcher auf den freien Markt und die angeblichen daraus für alle entspringenden Wohltaten.

Es ist die Privatisierung des politischen Raumes durch die Parteienherrschaft, die diese weitergehende Privatisierung der souveränen Macht vorbereitet und erlaubt: direkt in die Hand privater Gewalten. Man sollte deshalb nicht auf den Augenschein hereinfallen: Parteienherrschaft und »gesellschaftlich-ökonomische Macht« sind nur zwei Seiten derselben Herrschaft, des Verschwindens der Demokratie, d.h. der Repräsentation.

Daraus ergeben sich bestimmte Verhaltensweisen: Wenn der Bürger durch den Entzug seiner Freiheit und damit seiner Identität als Bürger ins Private flüchten und sich öffentlich in seinen Ersatzidentitäten der Gruppenzugehörigkeit und seinem darin vermittelten Interesse ausdrücken muß, kann auch sein »Repräsentant«, befreit von der Kontrolle durch die Bürger, dem nacheifern und Würde, ja sogar den bloßen Anschein eines Vertreters der *res publica* abstreifen. Er kann sich im schlechtesten Sinn »wie einer von uns« darstellen gerade jetzt, wo die maximale Distanz erreicht ist: lauter Privatleute, aber an den entgegengesetzten Polen der Macht. Das ist das schöne am Populismus. Man nähert sich der Nicht-Repräsentation um so mehr, je mehr die trivialsten und im wahrsten Sinne des Wortes unzivilisiertesten Instinkte und Verhaltensweisen angesprochen werden: »Vulgär ist schön«.

Sobald die Heuchelei inflationäre Ausmaße erreicht hat, braucht man nicht einmal mehr verbal öffentlich anerkannten Werten Tribut zu zollen. Wenn keine Verpflichtung mehr zu der Anstrengung – für die, die an der Spitze stehen zuallererst – besteht, diesen Werten nahezukommen, kann man sie schließlich *apertis verbis* leugnen und verachten. Wenn die Macht des Bürgers zu bloßer Rhetorik verkommen ist, spielt das Interesse der Allgemeinheit einfach keine Rolle mehr, man macht sich ohne Zurückhaltung über das Hirngespinst vom demokratischen Bürger lustig und gibt sich direkt als »Bourgeois« zu erkennen: Wer kann. Wer schon Macht hat: der Privilegierte. Freiwilliges Engagement im Interesse derer, die keine Macht haben, erzählt deshalb – in privater Form – von der Sehnsucht und dem Bedürfnis nach einem politischen Raum, wenn die Politik enttäuscht, weil sie zur abgeschirmten Schaltzentrale geworden ist.

38

Parteienherrschaft, ökonomisch-gesellschaftliche Macht und
Populismus sind deshalb austauschbar und spielen unisono
die Zauberflöte, die die Demokratie einschläfert, die Privilegierung fröhliche Urständ feiern läßt und den Bürger vertreibt.
Nur die Politik kann davor bewahren: die Politik *darüber hinaus*, die die »Demokratie beim Wort nimmt«.

Im übrigen kommt man nicht darum herum: Die Demokratie ist ein Projekt der *condition humaine*, sie ist Sinnsuche.
Selbstbestimmung: Herr (Eigentümer!) des eigenen Schicksals zu sein. Darauf setzen, daß durch die Denk- und Willens-
anstrengung jedes einzelnen gemeinsam die Bedingungen
der eigenen gemeinsamen Existenz annähernd zu verwirklichen sind. In-der-Gemeinschaft-sein: der einzige Weg, um
Individuum-zu-sein. Aber auch umgekehrt. Scheinbar ein zu
hoch gestecktes Ziel. Doch ein anderer Weg ist nicht gang-
bar, denn, wenn man darauf verzichtet, wird die einzige
Quelle der Legitimität der Demokratie vernichtet, der *autòs
nómos*: Er würde zusammenbrechen.

Das war das Programm von 1789, dessen Erbschaft wir
nicht ausschlagen können; und die in einem uns näherliegen-
den Programm 1989, auf den Werften von Danzig, auf dem
Prager Hradschin und an der Berliner Mauer besiegelt wurde:
Freiheit, Gleichheit, Brüderlichkeit. Es ist ein Ringelreihen
von Werten, die sich gegenseitig bei der Hand halten, denn
ohne die gegenseitige Unterstützung würde jeder einzelne in
Gefahr geraten. Gerade heute dagegen hat das versklavte
»Denken« Hochkonjunktur und will die Freiheit dadurch
zum Feind von Gleichheit und Brüderlichkeit machen, daß
sie diese des Privilegs zeiht: ein Stich ins Herz. Theorie und
Praxis der Demokratie müssen deshalb der Gleichheit als un-

verzichtbarem Bestandteil des eigenen Seins wieder Gewicht verleihen. Ausgehend von den in der Chancengleichheit enthaltenen Mindestanforderungen, ohne die das Individuum auch dann, wenn nur das »Verdienst« zählt, verschwindet, so daß man zum »Verdienst« von Blut und Vorfahren, dem Charakteristikum des Ancien régime zurückkehrt. Die Form von Verdienst, die unvereinbar ist mit Erbschaft, weist die Politik unverzichtbarer Inhalte weit über die von unserer Untersuchung angepeilten Grenzen hinaus.

Auch die Brüderlichkeit darf nicht lange ignoriert werden, selbst wenn dies überholt erscheinen mag. Brüderlichkeit bedeutet die unersetzliche Versicherung gegen die Unsicherheit, gegen diese ewige Bedrohung des Seins, die durch die Zugehörigkeit zu einem Gemeinwesen in Grenzen gehalten werden muß. Den Gegensatz zur Un-Sicherheit bildet die eingebildete, virtuelle »Macht über die eigene Zukunft«, die ausschließlich den unpersönlichen Garantien des eiskalten Leviathan vertraut. Statt dessen ist die Wärme des Gemeinwesens im Sinne Kants vonnöten: die Lebensumstände jedes anderen als die eigenen empfinden, die Staatsbürgerschaft als gemeinsame Zugehörigkeit erleben: als Brüderlichkeit eben.

Das scheint kein Minimalprogramm zu sein. Und doch: Hic Rhodus hic salta.

Es ist nicht unmöglich. Liberalismus und Demokratie, liberales Prinzip und republikanisches Prinzip, werden gewöhnlich auf der Grundlage des sie definierenden Elements einander gegenübergestellt: Primat der Rechte des einzelnen (Freiheit ausgesprochen als Eigentum) oder Primat der Souveränität des *dêmos* (der über diese Rechte entscheidet).

Beides wieder zu vereinbaren, muß das Ziel sein. Der Primat des *dêmos* legte die Freiheiten, ob sie nun Eigentum heißen oder nicht, in die Hand der Mehrheit. Der Primat der individuellen Rechte war eine Gewähr gegen die Tyrannis der Volkssouveränität, aber um den Preis ihrer Fesselung an heteronom gesetzte Grenzen und damit ihre Negation.

Die beiden Prinzipien stellen tatsächlich eine Antinomie dar, die die Grenzfälle zum Ausbruch brächten: Der Primat des einen schließt den des anderen aus. Lange standen Vertreter des Liberalismus und der Demokratie einander unversöhnlich gegenüber. Die Lösung, die liberale Demokratie blieb in der Praxis ohne weiteres realisierbar, in der Theorie aber ein Hochseilakt – und historisch stand sie stets am Rande des Abgrunds, in den sie mehrmals stürzte.

Keine Versöhnung also. Aber die radikale und entscheidende Feststellung, daß jedes der beiden Prinzipien, wenn es bis zu seinen extremsten Konsequenzen weitergedacht wird, zum nämlichen Resultat führt: zum Primat des Dissidenten und zu allen konkreten politischen Schritten, die damit unausweichlich verbunden sind. Die traditionelle Antinomie ergab sich nämlich aus der unvollständigen und hypostasierten Art und Weise, wie die beiden Subjekte (Individuum und Bevölkerung) betrachtet wurden. Der Widerspruch löst sich, wenn man an der Kohärenz der beim Wort genommenen Demokratie festhält. Für das Establishment ist das Damoklesschwert über der eigenen Macht kostspielig, das sich aus der Inkohärenz ergibt und desto größer wird, je weiter sie vorangetrieben ist. Die logische Widersetzlichkeit und andere Widerstände haben also ihren Grund.

Die Überwindung der Aporie wird also nur in der Praxis Wurzel schlagen und den Widerspruch zwischen Wort und Tat, der die ganze Moderne begleitet, drastisch verringern. Durch die unaufhörliche asymptotische Annäherung an das anspruchsvolle Konzept der Demokratie, die das einzige materielle Fundament, das einzige Bollwerk und die unausweichliche Voraussetzung ist.

39

Wir erleben demnach wirklich einen *clash of civilizations*, aber im Westen selbst, zwischen der Demokratie als bloßem Geschwätz des Establishments, das ihre Prinzipien im Müll seines täglichen Regierens zertrampelt, und der beim Wort genommenen Demokratie mit ihren unbeugsamen substantiellen Forderungen. Zwischen der Partei der Heuchelei und der Partei der Kohärenz. Zwischen dem Willen, das in der Verfassung versprochene Wort zu halten, und dem maßlos wachsenden Mißverhältnis, das den Westen am Ende dazu zwingen wird, seine Werte auch in den Verfassungen zu leugnen.

Die Heuchelei, der Abstand zwischen den Werten, die das Establishment vollmundig verkündet, und der Wirklichkeit, die jeder Bürger täglich erfährt, verwandelt sich aus einem Manipulationsinstrument zum Bumerang für die Macht selbst. Es ist zwar richtig, daß der Abstand konstitutiv für die Moderne ist, wie wir gesehen haben. Aber nur deshalb, weil stets ein Alibi zur Verfügung stand: die Unwissenheit des Volkes oder die Minderwertigkeit der Frau, um beispielsweise das Wahlrecht zu verweigern. Auf diese Alibis mußte man nach und nach verzichten. Die Bedrohung durch den Kommunismus war das letzte Alibi, um die immer stärkere strukturelle Auszehrung der Demokratie zu begründen. Jetzt sind wir beim *redde rationem*: Entweder rechtfertigt man die faktischen Machtverhältnisse, die nackte Macht, damit, daß sie Stabilität, Effizienz oder was auch immer gewähren, aber nicht weil sie »vom Volk, für das Volk, durch das Volk« bestehen: oder man nimmt die Demokratie beim Wort. Ohne noch durch ein Alibi gedeckt zu sein, lastet das Mißverhältnis zwischen Anspruch und Wirklichkeit als verheerende Krise und drohender Zusammenbruch auf uns.

Solange es einen Gegner gibt, läßt sich die antinomische Logik der belagerten Festung anwenden: Die Werte unserer Identität bleiben dieselben, sie werden nur zeitweilig ausgedünnt und aufgehoben, bis die Belagerung vorüber ist. Aber ohne Gegner erscheint das Verschwinden der proklamierten Werte als eine unverzeihliche Verletzung unserer Identität, als Regression von der Autonomie zu einer neuen heimlichen Heteronomie. Aber ohne Transzendenz: Heteronomie von Menschen über Menschen, reiner Sozialdarwinismus. Nackte Unterdrückung, wenn auch weniger spürbar. Damit aber bricht das gesamte »Fundament« des Gesellschaftszusammenhangs, der auf der Wechselseitigkeit der Macht, auf der Gleichheit der Würde fußt, zusammen. Als projektierten wir explizit ein neues Mittelalter, wo jede Macht erklärtermaßen privat war: als erbliches Recht.

Heute stehen wir also an diesem Punkt: Entweder treiben wir die Demokratie bis zur Verwirklichung ihrer strengen Prinzipien voran oder wir müssen uns damit abfinden, sie ganz zu verlieren: weil wir entweder mit Privilegien abgespeist wurden oder weil wir vor dem Unmaß der Ungerechtigkeiten resigniert (und die Apokalypse akzeptiert) haben.

Abschied

40

Aber vielleicht ist dies alles ohne Belang. Die Demokratie ist ein Projekt für die gesamte Menschheit, andernfalls ist sie das hassenswerteste Privileg: eine Menschheit in unterschiedlichen Höllenkreisen, des Have and Have-not, hier unser reiches Purgatorium, dort ihre Höllen, eine ungeheuerliche – die globale – Verhöhnung des demokratischen Universalismus. Das Privileg scheint heute der einzig wirksame *nómos* der Erde zu sein.

Versuchen wir die Statistiken durchzugehen, ohne sie auf aseptische Zahlen zu reduzieren. Ein durchschnittliches Pro-Kopf-Einkommen von zwanzigtausend Dollar für achthundert Millionen Einwohner im Wohlstand des Westens gegen fünf- oder sechshundert Dollar jährlich für die fast fünf Milliarden der Verdammten dieser Erde: etwa ein bis zwei Dollar pro Tag. Doch die Statistiken sind widersprüchlich, wie man weiß. Es gibt optimistischere Aussagen. Sie behaupten, daß mit und dank der Globalisierung die Zahl der Menschen, die mit weniger als einem Dollar pro Tag auskommen müssen, jedes Jahr um ein paar Millionen zurückgehen wird: Halleluja. Falls es nicht stimmt, ist es wenigstens gut erfunden. Was bedeuten in diesem gespenstischen Universum – wie es sich nicht einmal Dante oder Hieronymus Bosch hätten ausdenken können – unsere Probleme? Dialektischer Luxus für *durch und durch* privilegierte Existenzen. Da schämt man sich, von universellen Werten zu reden: Entweder dem heiligen Franz nachfolgen oder schweigen.

Wie ernst zu nehmen ist eine Beschäftigung mit der *Unverwechselbarkeit* jeder Existenz, wenn die Existenz der übergroßen Mehrheit der Menschheit nackt und ohne Hoffnung auf eine Zukunft ist, wenn die Lebenserwartung häufig nicht einmal die Pubertät erreicht? In Afrika muß jeder Mensch im Durchschnitt acht Kilometer zurücklegen, um an Trinkwasser zu kommen, das sicher nicht unserem Standard entspricht. *Wir* altern unter Mißachtung unseres Privilegs, wenn auch unter Ungleichheiten, die nach wie vor zum Himmel schreien, *sie* sterben wie die Fliegen, und das ist keineswegs bloß eine Metapher.

Wir zerbrechen uns den Kopf beim Schreiben und Lesen dieser Zeilen, damit die Souveränität jedes einzelnen nicht zur Lüge verkommt, während wenige Flugzeugminuten entfernt jede Minute, die wir schreiben und lesen, Tausende durch Hunger umkommen, nicht weil ihre Magensäfte, ihr Appetit also, unbefriedigt wären: Hunger, etwas, das wir uns gar nicht mehr vorstellen können.

Das vor allem ist das Wesen der heutigen *condition humaine*. Welche Bedeutung kann, von diesem Nullpunkt der Existenz aus gesehen, die Wahl zwischen Clinton und Bush haben? Zwischen Prodi und Berlusconi? Zwischen dem Verschwinden der Demokratie in der Parteienherrschaft und der beim Wort genommenen Demokratie? Widersprüche innerhalb des Privilegs.

Dem Zustand der real existierenden Menschheit angemessen wäre allein, zum Missionar zu werden: teil-zu-haben, teil-zu-sein. Das ist natürlich etwas ganz anderes als Mutter Theresa: Sie verweigerte den Sterbenden schmerzstillende Mittel und verherrlichte Pinochet. Ihre Heiligkeit basiert weitgehend auf Legenden. Jede andere Entscheidung ist Feigheit.

Wir aber sind nur zu einer ihrer vielen Formen fähig, leider. Eine *ontologische* Feigheit also. Der unausweichliche Sündenfall, der uns alle in der Schuld vereint. Sie muß jedoch wenigstens bewußte, klar erkannte, kritische Feigheit werden, die sich nicht der olympischen Lüge der Verdrängung und der damit verbundenen unentschuldbaren Trägheit anheimgibt. Eine Feigheit, die sich um das Mögliche bemüht: jeder nach seinen Fähigkeiten. Das ist die einzige nicht illusorische Erlösung. Unser Engagement, auch wenn es ontologisch unzureichend bleibt, kann etwas bewirken. Daß die Aidskranken nicht die Patente für die Lotterie der Medikamente zahlen müssen, die einigen von ihnen das Leben retten werden. Daß ein weniger großer Anteil der »Hilfen« in den Taschen irgendwelcher lokalen Despoten verschwindet. Daß...

Der Abgrund unserer Privilegierung steht so sehr im Widerspruch zu jedem möglichen Diskurs über Demokratie (und zu unserem Engagement *nur hier* im Westen, um sie ihrer eigenen Wahrheit anzunähern), daß wir Gefahr laufen, ihn als neues Alibi, das sich zum vorherigen summiert, zum Sprengstoff der Unredlichkeit werden zu lassen: Um unsere Psyche vor Schuldgefühlen zu schützen, sind wir sogar bereit, rassistischen Sirenenklängen Gehör zu schenken, wenn auch nur in der Soft-Version: Im Grunde haben sie ihr Elend doch selbst verschuldet, mit all diesen Stammeskriegen... et cetera, et cetera. Das führt in die Sackgasse des reinen Rassismus, der im anderen ein Nicht-Ich, einen Nicht-Menschen statt ein »du« sieht. Damit beginnt die Selbstabsolution: Sie sind einfach »anders«, da ist nichts zu machen.

Und wenn die Kehrseite der nihilistischen Alibis, mit denen wir unsere Trägheit rechtfertigen, der Terrorismus wäre, der uns wachrütteln will? Er ist – abgesehen von allem anderen – genau aus dem Grund abzulehnen, daß er die Tiefe des Elends, die zwei Drittel der Welt erniedrigt, um keinen Millimeter verringert. Das heißt aber nicht, diese Verurteilung ohne wenn und aber so umzudrehen wie das herrschende Establishment, nämlich sich damit selbst freizusprechen und die ununterbrochene Verwüstung der anderen Welt durch den Automatismus des vergötzten »Marktes« abzusegnen. Terrorismus und Autoabsolution sind die zwei Gesichter der beruhigenden Herablassung gegenüber der Nichtigkeit menschlichen Handelns: Und es vermag doch *etwas*.

Denn es gibt Feigheit und Feigheit - wir sollten uns nicht kostenlos ein gutes Gewissen schenken: die ethisch-politische Feigheit in der ontologischen Feigheit, die freiwillige Feigheit in der unausweichlichen Feigheit. Der Westen kann wählen: Er muß sich dafür entscheiden, ärmer zu werden und durch diesen geringeren Reichtum die Ungleichheiten verringern, seine Krösuse für diese Wende bezahlen lassen: wenn er will, daß das Wort Demokratie nicht nach Unterdrückung klingt und ein Deckmantel für Anmaßung ist.

Es bleibt immer Raum (und ist nie Utopia) auf dem schmalen Grat zwischen einem »Realismus«, der der Komplizenschaft nachgibt, und apokalyptischer Negierung: Sie ist unschädlich für die Herrschaft, wenn sie sich auf revolutionäre Phrasen beschränkt, kriminell, wenn sie das weiße Stirnband jeder Form von Jihad anlegt.

Du vermagst fast nichts. Einfach nichts im Rahmen des Weltganzen, nicht einmal im Rahmen deines Landes. Du kannst dem Ohnmachtsgefühl nicht entgehen: Die Geschichte sind die anderen, leider und immer. Aber für jeden dieser anderen bist auch du, gerade du, einer der anderen, die Geschichte machen. Auch du, gerade du, bist ein Ausdruck ihrer Ohnmacht, du bist die Macht, derer sie beraubt sind. Jede deiner Entscheidungen entscheidet auch irgendwie über die Zukunft aller, wenn auch nur in bescheidenem, unbedeutendem, »ohnmächtigem« Maße: die Zeitung, die du wählst, die Empörung, die du für dich behältst, jedes Wort, jedes Lachen. Seit es auf der Welt nicht mehr den Anderen und das Anderswo gibt, das den *nómos* diktiert, gibt es nichts mehr anderes als die »Ohnmacht« aller anderen: die du selbst bist. Die Leidenschaft für das Relative ist die Zivilreligion der entzauberten Welt. Das fast Nichts, das du von Augenblick zu Augenblick entscheidest, ist dein Alles, nichts weniger als die Totalität deiner Existenz.

Versuchen wir wenigstens, das nicht zu vergessen und es nicht als bloße Rhetorik abzutun.

Wagenbachs *andere* Taschenbücher:

Paolo Flores d'Arcais
DIE LINKE UND DAS INDIVIDUUM
Ein politisches Pamphlet
Eine Provokation: Warum darf sich die Linke nicht an der Zerstörung des
Individuums durch die moderne Gesellschaft beteiligen?
Aus dem Italienischen von Roland H. Wiegenstein
WAT 283. Kartoniert. Originalausgabe. 112 Seiten

Mireille Hadas-Lebel
MASSADA
Der Untergang des jüdischen Königreichs oder die andere Geschichte von
Herodes. Jakob Hessing, Frankfurter Allgemeine Zeitung
WAT 294. Kartoniert. 144 Seiten mit Abbildungen

Norberto Bobbio
RECHTS UND LINKS
Gründe und Bedeutungen einer politischen Unterscheidung
»Für diese italienische Einmischung, mit Lust am Demokratischen, mit Lei-
denschaft gegen die Denunziation von Demokratie als Gleichmacherei, kann
man nur dankbar sein.« Die Zeit
Aus dem Italienischen von Moshe Kahn
WAT 311. Kartoniert. 96 Seiten

Pier Paolo Pasolini
FREIBEUTERSCHRIFTEN
Die Zerstörung der Kultur des Einzelnen durch die Konsumgesellschaft
Pasolinis berühmte Polemiken gegen die Konsumgesellschaft, erstmals in
einer vollständig revidierten und erweiterten Neuausgabe.
Herausgegeben von Peter Kammerer
Aus dem Italienischen von Thomas Eisenhardt
WAT 317. Kartoniert. 176 Seiten

Pier Paolo Pasolini
AMADO MIO; UNKEUSCHE HANDLUNGEN
Zwei Romane
Die Erinnerung an eine fast bukolische Heimat im Friaul.
»Der Mann als abgeschlossenes fertiges Wesen interessiert Pasolini nicht. Das Werden fasziniert ihn.« Karsten Witte, Frankfurter Rundschau
Aus dem Italienischen von Maja Pflug
WAT 425. Kartoniert. 208 Seiten

Friederike Hausmann
DIE DEUTSCHEN ANARCHISTEN VON CHICAGO
ODER WARUM AMERIKA DEN 1. MAI NICHT KENNT
Eine vergessene Geschichte: Wie Amerika, das Land der Wirtschaftsflüchtlinge, die ersten Arbeiter-Organisationen niederschlug. Mit den ergreifenden Selbstbiographien der Arbeiterführer, zu deren Erinnerung der 1. Mai als Gedenktag überall gefeiert wird – nur nicht in Amerika.
WAT 320. Kartoniert. Originalausgabe. 208 Seiten mit Abbildungen

Friederike Hausmann
GARIBALDI
Die Geschichte eines Abenteurers, der Italien zur Einheit verhalf
Der Abenteurer, Freiheitskämpfer und Frauenheld Giuseppe Garibaldi (1807–1882) ist bis heute die faszinierendste Gestalt des Risorgimento, der Bewegung für die Einheit Italiens.
»Ein gut formuliertes und leicht zu lesendes Buch.«
Henning Klüver, Die Zeit
WAT 335. Kartoniert. 192 Seiten mit vielen Abbildungen

Friederike Hausmann
KLEINE GESCHICHTE ITALIENS VON 1945 BIS BERLUSCONI
»Ein handliches, ebenso sachkundiges wie lesbares Buch, das den Schlüssel zum Verständnis Italiens liefert.« Hansjakob Stehle, Die Zeit
Aktualisierte und erweiterte Neuausgabe
WAT 448. Kartoniert. 240 Seiten

Pierre Vilar
DER SPANISCHE BÜRGERKRIEG
1936–1939
Eine Geschichte des Spanischen Bürgerkriegs, seiner Voraussetzungen und seiner beiden Parteien, geschrieben vom bedeutendsten Kenner der Geschichte Spaniens.
»Vilar zeichnet minutiös die Geschichte nach, zeigt die Aufspaltung der politischen Kräfte Europas in zwei Lager – und er macht sie verständlich.«
Eva Christine Zeller, Südfunk
Aus dem Französischen von Wolfgang Kaiser
WAT 334. Kartoniert. 144 Seiten mit zahlreichen Abbildungen

Ziauddin Sardar
DER FREMDE ORIENT
Geschichte eines Vorurteils
Ein ebenso gelehrtes wie kurzes Handbuch über eine verhängnisvolle geistige Tradition: Welches Bild sich der Westen vom Orient gemacht hat und wie dieses Zerrbild zum grundlegenden Bestandteil des kulturellen Selbstverständnisses sowohl des Westens wie des Orients geworden ist.
Aus dem Englischen von Matthias Strobel
WAT 451. Kartoniert. 192 Seiten. Deutsche Erstausgabe

W. Montgomery Watt
KLEINE GESCHICHTE DES ISLAM
Der profunde Islamkenner W. Montgomery Watt erklärt Ursprünge und Entwicklungen des Islam.
»Wer immer sich zum Islam äußert, sollte zumindest einen Text kennen: William Montgomery Watts Kurze Geschichte des Islam.« Die Presse
Aus dem Englischen von Gennaro Ghiradelli
WAT 454. Kartoniert. 144 Seiten. Deutsche Erstausgabe

Ulrich K. Preuß
KRIEG, VERBRECHEN, BLASPHEMIE
Gedanken aus dem alten Europa
Mit Überlegungen zum Krieg im Irak
»Das einzige Buch, das nach dem 11. September die Fragen nach dem Bösen als konstitutiven Bestandteil unserer Welt nicht verdrängt, sondern ins Auge faßt.« Otto Kallscheuer, Die Zeit
WAT 473. Kartoniert. 240 Seiten

Jonathan Riley-Smith
WOZU HEILIGE KRIEGE?
Anlässe und Motive der Kreuzzüge
*»Seit gut zwei Jahren sind Kreuzzüge in aller Munde. Aber weiß überhaupt
jeder, wovon er da redet? Wer jetzt unsicher ist, dem sei dieses lesenswerte
Buch empfohlen.«* Süddeutsche Zeitung
Mit einem Nachwort des Autors zur dt. Ausgabe
Aus dem Englischen von Michael Müller
WAT 480. Kartoniert. 192 Seiten. Deutsche Erstausgabe

Hans J. Nissen   Peter Heine
VON MESOPOTAMIEN ZUM IRAK
Kleine Geschichte eines alten Landes
Das Gebiet des heutigen Irak mit seinen Ölvorkommen ist gleichzeitig
das Land einer frühen Hochkultur. Zwischen Euphrat und Tigris ent-
standen die ersten Städte, das erste Gesetz, die erste Schrift.
Eine Einführung in die Geschichte einer Region, von der mesopotami-
schen Hochkultur bis zum Sturz Saddam Husseins.
Originalausgabe
WAT 483. Kartoniert. 192 Seiten mit zahlreichen Abbildungen

Fouad Allam
DER ISLAM IN EINER GLOBALEN WELT
In den Vorstadtvierteln der europäischen Großstädte sind die Immigran-
ten der zweiten und dritten Generation am anfälligsten für die ideologi-
schen Verheißungen der Islamisten. Der algerische Intellektuelle Fouad
Allam hat sie besucht und über die Widersprüche, in denen sie leben, ein
spannendes und vieldiskutiertes Buch geschrieben.
Aus dem Italienischen von Karl Pichler
WAT 490. Kartoniert. 208 Seiten. Deutsche Erstausgabe

Ulrike Marie Meinhof
DIE WÜRDE DES MENSCHEN IST ANTASTBAR
Aufsätze und Polemiken
Diese Ausgabe sammelt alle wichtigen Texte Ulrike Meinhofs aus den
Jahren 1959 bis 1969: Beispiele eines entschiedenen Journalismus, der
nicht von den Höhen der Macht skandiert, sondern den politischen
Widerspruch aufzufinden versteht.
Mit einem Nachwort von Klaus Wagenbach
WAT 491. Kartoniert. 492 Seiten

WARUM *SO* VERLEGEN?
Über die Lust an Büchern und ihre Zukunft
Herausgegeben von Klaus Wagenbach
Almanach anläßlich des vierzigjährigen Jubiläums. Eine Einführung ins
Büchermachen und ein Lesebuch aus vierzig Jahren.
Mit einem Verzeichnis aller erschienenen Bücher
WAT 487. Kartoniert. 160 Seiten. Mit vielen Abbildungen

Dieter Richter
CARLO COLLODI UND SEIN PINOCCHIO
Ein weitgereister Holzbengel und seine toskanische Geschichte
Eine heitere, lehr- und kenntnisreiche Kultur-, Entstehungs- und Rezep-
tionsgeschichte Pinocchios, in der man nicht nur viel über Italien (insbe-
sondere Florenz und die Toskana) im 19. Jahrhundert erfährt, sondern
auch über die noch heute herausragende Bedeutung dieses italienischen
Klassikers.
WAT 495. Kartoniert. 144 Seiten

Tiziano Scarpa
WAS ICH VON DIR WILL
Ein sehr freches und auch noch brilliant geschriebenes Buch über ein altes
Thema: Liebe und Sex, Leidenschaft und Langeweile, Enttäuschung und
Hoffnung.
Aus dem Italienischen von Olaf Roth
WAT 493. Kartoniert. 160 Seiten. Deutsche Erstausgabe

Wenn Sie mehr über den Verlag und seine Bücher wissen möchten, schreiben Sie uns eine Postkarte (mit Anschrift und ggf. e-Mail).
Wir verschicken immer im Herbst die Zwiebel, unseren Westentaschen-
almanach mit Gesamtverzeichnis, Lesetexten aus unseren Büchern,
Photos und Nachrichten aus dem Verlagskontor. Kostenlos!

Verlag Klaus Wagenbach   Emser Straße 40/41   10719 Berlin
www.wagenbach.de